Christine Westermann

Die Familien der anderen

Christine Westermann

Die Familien der anderen

Mein Leben in Büchern

♡ Liebst
Christine
Westermann

Kiepenheuer & Witsch

…stell Dir vor: Papa war in einer
[Le]sung, wo dieses Buch vorgestellt wurde.
Ich bin nicht eingeschlafen.
Es muss gut sein. :)

Ich teile alle Bücher in zwei Sorten ein:
solche, die mir gefallen, und solche,
die mir nicht gefallen.
Ein anderes Kriterium habe ich nicht.

Anton Tschechow (Čechov)/1860–1904

1

Ein Klassiker ist ein Buch, das jeder gelesen haben möchte, aber keiner lesen will.

Mark Twain

Mein lieber Mann. Da kommt es ja gleich ziemlich dicke. Fast tausend Seiten. Das wird beim Lesen kein Schnelldurchlauf werden, das ist wohl auch dem Autor klar. Im Handumdrehen, schreibt er, werde der Leser mit der Geschichte nicht fertig werden. Die sieben Tage einer Woche würden dazu nicht reichen und auch sieben Monate nicht.

Am besten, so fährt der Autor im Vorwort selbstgewiss fort, mache sich der Leser im Voraus nicht klar, wie viel Erdenzeit ihm verstreichen wird, während sie ihn *umsponnen* hält. Jene Geschichte, die ihm in höchstem Maße erzählenswert erscheint.

Und es werden, das fügt er begütigend hinzu, ja nicht geradezu sieben Jahre sein.

Na, da habe ich ja wirklich Glück gehabt, vermutlich keine sieben Jahre, aber unter einem Jahr komme ich wohl nicht davon, das Gefühl habe ich deutlich.

Es kommt noch schlimmer. Er neige der Ansicht zu, schreibt der Mann, dass nur das Gründliche wahrhaft unterhaltend sei.

Heißt im Klartext, was unter 984 Seiten daherkommt, taugt seiner Meinung nach nichts.

Sieht also so aus, als habe ich zeitlebens die falschen Bücher gelesen. Es waren viele dabei, fast würde ich sagen, es waren die meisten, die nicht mehr als 350 Seiten, 400 Seiten aufzuweisen hatten. Nicht immer waren sie gründlich erzählt. Vielleicht aber gerade deshalb besonders unterhaltend.

Weil eben etwas im Ungefähren blieb, weil man das Buch sinken ließ, um den Faden selbst weiterzuspinnen. Ich habe jene Romane gelesen, weil sie gut erzählt waren, mich unterhalten, mich oft genug auch etwas gelehrt haben. Über das Leben der anderen, in denen ich meines wiedergefunden habe.

Der Autor nennt sich selbst den raunenden Beschwörer des Imperfekts.

Uff. Nicht wirklich, oder?

Der raunende Beschwörer des Imperfekts, das war's dann wohl. Das wäre genau die Stelle, an der ich das Buch entnervt beiseitelegen würde. Nach nicht mal einer Seite Vorwort. Aussortiert wegen nervender Selbstbeweihräucherung des Autors. Und natürlich auch wegen der angedrohten sieben Monate plus X Lesezeit.

Nur kann ich diesen Roman nicht einfach so beiseiteschieben. Nicht den Roman eines Nobelpreisträgers für Literatur.

Nicht einen Roman, den man gelesen haben muss, weil er zur Weltliteratur gehört.

Ein Buch, das die ganze Welt gelesen hat?

Wer bestimmt, was Weltliteratur ist?

Hinterfrage ich erst gar nicht, sondern beuge mich dem Diktat, das ich selbst aufgestellt habe.

»Der Zauberberg« von Thomas Mann. Seit er zu Hause im Bücherregal im Wohnzimmer hinter Glas stand, schleiche ich um ihn herum. Gefühlte 60 Jahre.

Hellgrün mit silberner Schrift auf dem Buchrücken. Ein Trumm von einem Buch, damals wie heute, unnahbar, etwas Heiliges, zu dem der Zutritt nicht jedermann gestattet war.

Neben dem Zauberberg stand »Der große Regen« von Louis Bromfield, einem amerikanischen Autor. An den hätte ich mich locker herangewagt, aber mein Interesse für einen indischen Maharadscha, der auf Regen wartet, hält sich bis heute in Grenzen.

Dritter in der Reihe, der »ADAC-Reiseatlas«. Wie er es hinter Glas geschafft hat, wir aber dennoch beim Reisen nie weiter als bis nach Bocholt kamen, ist mir bis heute ein Rätsel.

Jetzt mache ich mich also viele Jahre später auf in Richtung Davos, werde mich heranwagen an den Zauberberg.

Während ich über den Hindernislauf zu den Büchern in meinem Leben schreibe, werde ich ihn zwischendurch in kleinen Häppchen lesen. Vom ersten Kapitel, der »Ankunft«, bis zum letzten, »Der Donnerschlag«.

Ich finde dieses Vorhaben reichlich beängstigend. Nicht nur, weil die Lektüre umfangreich ist. Vor allem, weil ich mich davor fürchte, ich könnte diesen großen Roman der Weltliteratur langweilig finden. Öde, gespreizt. Werde ich mich trauen, das zu schreiben, zu bekennen? An Weltliteratur zu (ver)zweifeln?

Ich werde mich vermutlich durchquälen müssen. Quälbücher haben bei mir sonst nach dreißig Seiten verspielt. Bei Thomas Mann hat fürs Quälgefühl schon eine Seite Vorwort gereicht. Er nennt es natürlich nicht Vorwort, bei ihm heißt es Vorsatz.

Der Zauberberg, das vermute ich einfach mal, stellt große Ansprüche an den Leser, an seine Geduld und seine Bildung. Heißt im Umkehrschluss: Bin ich ungebildet, falls er mich tatsächlich langweilt? Muss man studiert haben, um den Roman literaturgeschichtlich, hauptseminarmäßig einordnen zu können?

Und was passiert, wenn man es nicht getan hat?

Ich bin neugierig, auch auf mich selbst.

Ich werde den Roman lesen, immer mal wieder innehalten und von meinen Fortschritten hier in diesem Buch berichten.

Rückschritte wird es nicht geben, ich ziehe das Projekt Zauberberg durch.

Das ist *mein* Vorsatz, ich halte durch bis zur letzten Seite, zum letzten Satz. Auch wenn der schon jetzt Schlimmes ahnen lässt: »Wird aus diesem Weltfest des Todes, auch aus der schlimmen Fieberbrunst, die rings den regnerischen Abendhimmel entzündet, einmal die Liebe steigen?«

Ich werde den Zauberberg lesen und besprechen, so wie ich Hunderte von Büchern im Radio und Fernsehen empfohlen habe.

Verrissen, niedergemacht habe ich kein einziges. Vorher habe ich es lieber aussortiert, nicht weitergelesen. Wer bin ich, dass ich öffentlich kundtue, warum mir ein Buch nicht gefällt. Man das bitte auf keinen Fall kaufen oder lesen sollte. Daumen runter, Daumen hoch.

Was fängt ein Leser damit an?

Vergeudete Zeit.

Weitaus überzeugender scheint mir zu beschreiben, warum mir ein Roman gefallen hat. Was mir beim Lesen durch den Kopf und ans Herz ging, das ist mein Ding.

Ich glaube, ich bin da sehr verlässlich.

Wer ein-, zweimal ein Buch gelesen hat, das ich empfohlen habe, weiß, woran er ist.

Kann davon ausgehen, dass die Westermann für ihn ein guter Navigator im Labyrinth der unzähligen Neuerscheinungen ist. Oder eben auch nicht. Vergiss es, Fehlanzeige – wenn die Westermann Bücher empfiehlt, da war noch nie was Gescheites dabei.

»Mich interessiert an Literatur nur der Mensch. Mäuse und Kühe interessieren mich nicht.«

Mich auch nicht, da bin ich mit Marcel Reich-Ranicki einer Meinung.

Jeder Roman, der mehr als fünfhundert Seiten umfasst, ist schlecht. Noch so ein Reich-Ranicki-Satz. Da gehe ich nicht ganz mit, aber fast.

Und jetzt kommt's.

Bei den dicken Büchern nimmt er eines aus: den Zauberberg. Er kenne keinen besseren deutschen Roman als diesen (und Goethes »Die Wahlverwandtschaften«). Spannend findet er ihn, deswegen sei er so gut.

Also bitte keine Langeweile beim Lesen.

Stimmt, könnte bei 984 Seiten höchst quälend sein.

Ich fang jetzt mal an. Mit dem Lesen und dem Schreiben.

Erster Satz in Thomas Manns Zauberberg:

»Ein einfacher junger Mann reiste im Hochsommer von Hamburg, seiner Vaterstadt, nach Davos-Platz im Graubündischen.«

Der erste Satz in meinem Buch?

Den suche ich noch.

2

Ich erzähle eine Geschichte. Und das ist alles.

Georges Simenon

Ich fange meine Geschichte mit einer Standortbestimmung an.

Es gab schon früh in meinem Leben zwei sehr unterschiedliche Bücherregale.

Der Zauberberg hinter Glas stand im Wohnzimmer meiner Mutter. Ein paar Straßen entfernt lebte mein Vater mit anderen Möbeln und anderen Büchern.

Dass es mal eine Zeit gab, in der sie sich Tisch und Bett und wohl auch Bücher teilten, weiß ich nur von Fotos. Auf einem dieser Bilder sieht man eine üppige Bücherwand, davor mein Vater in einem Lesesessel, ein Buch im Schoß, eine Stehlampe taucht die Beinahe-Idylle in warmes Licht. Idyllisch ging es vermutlich nicht zu, weil es einen professionellen Fotografen mit Stativ und Scheinwerfern gab, der damals die Fotos von Mutter, Vater, Kind machte. Das Kind, die Legende haben sich später die Eltern so zurechtgelegt, hat sich schon früh für Bücher interessiert, stand mit gerade mal anderthalb vor der Riesenwand, die sich da über ihm auftürmte. Brabbelte vor sich hin, derweil es an den Buchrücken herumfingerte, bis sie endlich nachgaben, sich von den gebundenen Seiten lösten und auf den Boden fielen.

Ich erinnere mich nicht an die Zeit, in der mein Vater, meine Mutter und ich noch eine Familie waren. Meine Eltern ließen sich scheiden, als ich fünf Jahre alt war. Heute kein großes Ding mehr, so eine Scheidung, aber zu Beginn der 50er-Jahre nicht unbedingt häufig. Man wahrte besser den Schein und blieb zusammen, auch wenn es bei den Bruchstücken einer Ehe nichts mehr zu kitten gab.

Vielleicht konnte bei meinen Eltern auch nie wirklich etwas wachsen, zusammenwachsen. Dafür war die Distanz, die zwischen ihnen lag, von Anfang an zu groß. Meine Mutter war 21, mein Vater 60, als sie heirateten. Die eine fing mit ihrem Leben gerade erst an, der andere bog mit seinem langsam auf die Zielgerade ein. Was vielleicht auch eine naheliegende Erklärung dafür ist, warum ihre Bücherregale so unterschiedlich aussahen.

Die vielen Bücher, die mein Vater im Laufe seines Lebens gelesen hatte, reihten sich in der Erfurter Wohnung zu beachtlichen Regalmetern auf. So viele, dass man an die oberen Bände nur noch mit einer Leiter rankam. Das ist bis heute ein Traum in meinem Leben geblieben. Eine Bücherleiter. Und wenn man die nicht auch noch umständlich auf- und zuklappen muss, sondern elegant von Regal zu Regal schieben kann, hat man es geschafft.

Hin und wieder wird man von Zeitungen mit bunten Blättern freundlich genötigt, sich zu sehr persönlichen Fragen zu äußern. Wie die eigene Beerdigung aussehen könnte. Oder im nächsten Leben der Traummann. Oder welchen anderen Beruf man gerne hätte, wäre man nicht schon für sein Leben gern Journalistin. Gäbe es vielleicht noch einen Zweit-Lieblingsberuf?

Chirurgin natürlich. Da muss ich nicht zweimal nachdenken. Im OP stehen und gucken, wie der Mensch von innen aussieht. Und miterleben, wie so ein Krankenhausbetrieb funktioniert.

Das Innenleben interessiert mich mächtig.

Überall, wenn ich es mir recht überlege. Auch wenn ich zum Beispiel im Zirkus sitze und nach der perfekten Lachnummer am liebsten mit den Clowns hinter dem Samtvorhang verschwinden würde, um zu sehen, was passiert. Wenn es nicht mehr komisch ist.

Oder als Fußballer in einer Kabine zu sitzen, wenn man gerade einen spielentscheidenden Elfmeter versemmelt oder einem der FC Bayern mal wieder fünf Tore reingedrückt hat. Das Leben der anderen, da möchte ich reingucken, das ist es vielleicht auch, was mich zu Büchern hinzieht. Lesen, wie es auch gehen kann mit dem Leben.

Als ich 13 Jahre alt war, hatte ich keine Ahnung, wie es gehen könnte. Mit dem Weiterleben. Die Verbindung zu meinem Vater, die so eng und innig war, wurde überraschend gekappt. Er starb innerhalb weniger Tage.

Es gab niemanden, dem ich geglaubt hätte, dass es weitergehen könnte. Dass der Tod des Vaters nicht das Ende des eigenen Lebens bedeutet. Vielmehr eine der Herausforderungen ist, die das Leben oft unerwartet bereithält. An der man scheitert. Oder wächst. Das habe ich erst viel später verstanden.

Was ich in dieser Zeit der inneren Orientierungslosigkeit gelesen habe?

»Sie blieb draußen stehen, nachdem die Eltern sie verlassen hatten. Die frische Herbstluft kühlte ihre heißen Wangen. Die Lichter des Krankenhauses waren kleine goldene Punkte in der Dunkelheit.

Hinter ihr öffnete jemand die Tür. Susy wusste, dass es Bill war. Er trat neben sie. So standen sie eine Weile Seite an Seite, ohne zu sprechen, und sahen auf die Lichter des Krankenhauses, das sie liebten; die blinkenden Lichter der Krankensäle, die Dächer, die sich schwarz gegen den Himmel abhoben. Der Wind flüsterte in den Ulmenblättern und spielte mit den Efeuranken, die sich an rote Ziegelwände und grauen Granit klammerten.

Weit unten in der Straße ließ ein Krankenwagen seine schrille Signalglocke ertönen und forderte freie Bahn für seine eilige Fahrt zum Krankenhaus – zu jungen Ärzten und Krankenschwestern. ›Sie sind bereit, ebenso wie wir bereit sind‹, sagte Bill.«

Ende der Geschichte. Ein glückliches natürlich. Schwester Susanne und Assistenzarzt Bill kriegen sich. Heiraten, haben Kinder, das volle Programm.

Ich kann mich nicht erinnern, ob ich damals schon begriffen habe, wie süßlich dieser Heile-Welt-Kitsch daherkam. Aber dass ich mir wünschte, meine Welt möge auch wieder heile sein, das weiß ich noch.

Der erste Band der Susanne-Barden-Krankenschwester-Geschichte erschien 1936, der letzte Anfang der 50er-Jahre. Die Autorin Helen D. Boylston war selbst lange Jahre Krankenschwester, bevor sie mit dem Schreiben begann. Die Barden-Bücher waren in den USA sehr erfolgreich, nicht nur wegen der blinkenden Lichter des Krankenhauses, in deren Schein sich Schwester Susanne Barden und Assistenzarzt Bill Barry das erste Mal küssten. Sie wurden von Lesern und Kritikern auch geschätzt, weil sie ziemlich unsentimental und lebensnah den Beruf der Krankenschwester beschrieben.

Für ein neues Rollenverständnis warben.

Die Bücher hatten verheißungsvolle Titel wie »Reifen und Wirken« oder »Weite Wege«.

Am Ende dieses weiten Weges sollten für Susanne Barden zwar durchaus Ehemann und Kinder stehen, aber zwischen den Zeilen konnte man, wenn man es denn wollte, ein Plädoyer lesen für die Unabhängigkeit der Frauen in den 30er- und 40er-Jahren des letzten Jahrhunderts.

Titel einer der sieben Bände war: »Zeig, was du kannst.« »Lass dir Zeit, zeig, dass du es allein kannst, bevor du dich endgültig bindest«, heißt es an einer Stelle.

Die Autorin Helen D. Boylston hat das getan. Sie wollte wie ihr Vater Medizin studieren, aber die Ausbildung schien ihr zu langwierig, zu groß die Hindernisse, die ihr männliche Kollegen in den Weg stellen würden. Sie wurde stattdessen Krankenschwester. Ging im Ersten Weltkrieg mit einer Gruppe von Ärzten nach Frankreich, versorgte Verwundete, spezialisierte sich auf Anästhesie. Machte eine Spezialausbildung zur Psychiatrieschwester. Schrieb Bücher. Wurde erfolgreich. Hat gezeigt, was sie kann. Wollte diese Erfahrung weitergeben an junge Mädchen, wie ich eines war.

Gebunden hat sie sich nie, sie blieb unverheiratet. Wie viele Dr. Bills ihren Weg gekreuzt und ihr Bett geteilt haben, ist nicht überliefert.

Ist jetzt natürlich ein verwegen weiter Bogen, den ich spanne, wenn ich behaupte, mein Wunsch, Chirurgin zu werden, habe möglicherweise etwas mit Helen D. Boylstons Büchern zu tun, die ich als junges Mädchen gelesen habe. Zu zeigen, was ich kann. Am besten in einem Krankenhaus, denn da war die Wahrscheinlichkeit am größten, einem Wiedergänger von Dr. Bill zu begegnen, der um meine Hand anhalten würde. Happy End. Die Welt wieder im Lot.

Etwas an diesem Bild stimmt heute nicht. In den mehr als achtzig Jahren seit Erscheinen des ersten Susanne-Barden-Buches hat sich das Bild gewandelt. Ist die Rolle der Frau in der Gesellschaft eine andere geworden.

Das Happy End müsste im Idealfall so aussehen: Die Chirurgin Susanne fragt den Krankenpfleger Bill, ob er ihr Mann werden möchte.

Weite Wege?

Es war ein Tag im März 1953, der das Leben meines Vaters und das unserer Kleinfamilie komplett auf den Kopf stellte. Jener Tag, an dem er aus seiner Heimatstadt Erfurt in den Westen, in die Bundesrepublik, floh.

Mein Vater war bekannt als einer, der den Nationalsozialisten die Stirn geboten hatte. Der seinen Sohn im zweiten Jahr des Krieges verloren hatte, ein junger deutscher Soldat, getötet von einer Granate auf einem Feld bei Smolensk.

Als mein Vater Hitler einen Verbrecher nannte, kam

er ins Zuchthaus. Gründete nach Kriegsende in der sowjetisch besetzten Zone mit Gleichgesinnten die Liberaldemokratische Partei Deutschlands.

Als sie zur Blockpartei ohne Einfluss mutierte, weigerte er sich, der SED beizutreten. Aus seiner Abneigung gegen die Kommunisten hatte er ohnehin nie einen Hehl gemacht.

Heute weiß ich, dass es auch Bücher aus jenem Regal in Erfurt waren, die ihm den Mut gaben, für eine gerechte Sache einzutreten.

Er kam als Regimegegner auf eine schwarze Liste, Endstation ein Straflager in der Sowjetunion. Er war damals noch immer gut vernetzt, wurde gewarnt, als die Verhaftungswelle anrollte. Er packte eine Aktentasche mit wichtigen Papieren, mehr konnte er nicht mitnehmen bei seiner Flucht nach Westberlin im März 1953.

Er fing kurz vor der Pensionierung im Westen noch mal von vorne an. Hatte alles zurückgelassen, was ein Leben gemeinhin ausmacht. Freunde, Erinnerungsstücke, alle Bücher in den hohen Regalen mit der Leiter.

Wie eng einige dieser Bücher mit seinem Leben verknüpft waren, das habe ich erst nach und nach verstanden. Als Kind konnte ich nur ahnen, dass sie etwas direkt mit ihm zu tun haben mussten. Warum sonst hat er mich gebeten, sie zu lesen?

Vielleicht ist es genau das, was mich auch jetzt noch, viele Jahre nach seinem Tod, traurig macht. Keine Chance gehabt zu haben, mehr als nur ein paar Bruchstücke aus seinem Leben vor meiner Geburt zu erfahren. Hinterlassene Bücher als Puzzlestücke, mit denen ich versuche, mir ein Bild von dem Mann zu machen, der mein Vater war.

Er wurde Ende des vorletzten Jahrhunderts geboren. Als junger Soldat im Ersten Weltkrieg in die Schlacht von Verdun geschickt, die er mit einer schweren Kopfverletzung überlebte. Er heiratete, war mit seiner ersten Frau mittendrin im Getümmel der Goldenen Zwanzigerjahre des vergangenen Jahrhunderts.

Es gibt ein vergilbtes rötlich braunes Foto von den beiden, sie schwingen die Beine, sieht nach Charleston aus, aber vielleicht ist es auch nur das Klischee, das ich von jener Zeit im Kopf habe.

Später die Machtergreifung, der Beginn des Zweiten Weltkrieges, in dem er gleich zu Beginn seinen Sohn verliert. Seine Frau erleidet einen Schock, stirbt wenig später.

Mein Vater hält sich nicht mehr zurück, er macht aus seiner Abscheu gegen Hitler und die Nazidiktatur keinen Hehl. Er arbeitet zu dieser Zeit im Erfurter Rathaus, macht öffentlich, was er in der BBC, dem »Feindsender«, über Konzentrationslager und Kriegslage gehört hatte. Eine Mitarbeiterin schwärzt ihn an. Gestapo, Verhöre, kurzer Prozess. Das Urteil: Haftstrafe im Zuchthaus, danach Überstellung ins Konzentrationslager Buchenwald als politischer Häftling. Buchenwald war nicht weit, zwischen KZ und Zuchthaus lagen gerade mal 50 Kilometer.

Vor ein paar Jahren war ich für eine Fernsehdokumentation über meine Vorfahren in dem Zuchthaus nahe Arnstadt.

Ging in die Zelle, die man meinem Vater damals zugewiesen hatte. Wenn man sich vor dem kleinen Zellenfenster auf die Zehenspitzen stellte, sah man einen üppigen, alten Kastanienbaum. Was ging wohl in meinem Vater vor, wenn er auf die Kastanie blickte, habe ich mich gefragt. Wie groß war seine Angst, wie ist er mit seiner Trauer und Verzweiflung umgegangen? Wie stark war er? Wer hat ihm geholfen, was hat ihn getröstet?

Jenen Baum zu sehen, auf den mein Vater schon geblickt hatte, hat mich emotional ziemlich durcheinandergewirbelt. Es waren Gefühle von Traurigkeit, von Wehmut, von Stolz und der absurde Wunsch, ihm beizustehen, ihm zu helfen. Wo es doch schon lange nichts mehr zu helfen gab. 1944 sollte er ins Konzentrationslager Buchenwald überstellt werden. Einer seiner guten Freunde, der als überzeugter Nationalsozialist beste Kontakte hatte, konnte das verhindern, mein Vater blieb im Zuchthaus. Ein paar Jahre nach Kriegsende wird jener Retter und Freund mein Großvater werden. Mein Vater heiratet dessen Tochter, die um so vieles jünger ist. Die beiden Männer kannten sich schon viele Jahre, ihre politischen Ansichten hatten sie entzweit, aber die Freundschaft hielt. Wenn mein Großvater sich mit den Nazileuten zum Skat im großen Wohnzimmer traf, schloss er die Vorhänge.

Geheimes Zeichen für meinen Vater, jetzt mal besser nicht raufzukommen.

Bei Kriegsende kommt mein Vater frei. Als die Amerikaner in Thüringen einmarschieren, machen sie ihn übergangsweise zum Bürgermeister, später wird er Verwaltungsdirektor des Erfurter Theaters.

Was hätte er mir alles erzählen wollen, wenn ich endlich alt genug gewesen wäre, ihn zu fragen? Die Zusammenhänge zu verstehen? Was erzählen mir stattdessen die Bücher, die er mir hinterlassen hat?

An einem Dezembertag im Jahr 1905 bekam Bertha von Suttner den Friedensnobelpreis. Eine Sensation, gleich zweifach. Eine Frau als Preisträgerin, das war unerhört, schier undenkbar.

Ausgezeichnet auch noch für ein Antikriegsbuch.

»Die Waffen nieder!«: Aus der Sicht einer Frau beschreibt sie, welches persönliche Leid Kriege anrichten, die von Männern angezettelt werden.

Vier Kriege erlebt die Protagonistin Gräfin Martha Althaus. Sie ist Österreicherin, verliert ihren ersten Mann 1859 im Krieg Österreich gegen Sardinien.

Sie heiratet wieder, der zweite Ehemann wird im Krieg Österreich gegen Preußen verwundet, später erschossen.

Bertha von Suttner schildert die Grausamkeiten auf den Schlachtfeldern bis ins Detail, die Verletzungen der Soldaten, ihre Verstümmelungen, das Leid und den Schmerz der Familien, der Frauen, die mit Kindern zurückbleiben.

Sie schrieb nicht einfach nur ein leidenschaftliches Plädoyer gegen den Krieg.

Sie verpackt den Wahnsinn zweier kurz aufeinanderfolgender Kriege in einen Roman, erzählt die Lebens- und Liebesgeschichte einer jungen Frau. Die Liebe, der Glanz und Glamour der Donaumonarchie mit ihren ausschweifenden Festen, spielen eine wichtige Rolle. Bertha von Suttner hat das ganz bewusst so geschrieben, weil sie möglichst viele Menschen aus möglichst unterschiedlichen Schichten mit ihrem Buch erreichen wollte.

Zunächst aber will es keiner lesen. Sie geht mit dem Manuskript von Verlag zu Verlag, es wird immer wieder abgelehnt. Geduld bringt Rosen, sagt ein tschechisches Sprichwort, schließlich erbarmt sich einer, der Roman wird gedruckt.

»Die Waffen nieder!« wird ein Bestseller, in mehr als ein Dutzend Sprachen übersetzt, erscheint in drei Dutzend Auflagen. Die Leser lieben das Buch, die Kritiker schreiben es nieder.

Einer schmäht das Buch mit den Worten: »Wo Männer fechten, hat das Weib zu schweigen.«

Der junge Rainer Maria Rilke empört sich und schreibt: »Es gibt kein Waffen nieder, weil's keinen Frieden ohne Waffen gibt.«

Rilke war 17, er wusste es (noch) nicht besser. Verherrlichte den Kampf, stimmte gemeinsam mit Thomas Mann 1914 zu Beginn des Ersten Weltkrieges in die allgemeine Begeisterung ein.

»Die Waffen nieder!« erschien 1889, im Geburtsjahr meines Vaters.

25 Jahre später begann der Erste Weltkrieg, mein Vater wurde Soldat, in der Schlacht um Verdun 1916 schwer verletzt. Es gibt ein Schwarz-Weiß-Foto, das ihn in einem Lazarett zeigt, er sitzt mit einem Verbandsturban in seinem Bett, um ihn herum Krankenschwestern, alle strahlen um die Wette. Schließlich war mein Vater ein Überlebender, dem Gemetzel zwischen Franzosen und Deutschen entkommen. Nicht unversehrt, nein, eine Kugel aus einem französischen Gewehr traf seinen Kopf. Noch viele Jahre später zeigte eine kleine Delle knapp oberhalb seiner Stirn, wo sie eingetreten war. Die Ärzte hatten Angst, im Hirn noch größeren Schaden anzurichten, wenn sie versuchten, die Kugel zu entfernen, und so ließen sie das Ding da, wo es eingedrungen war. Mein Vater lief also mit einer Kugel im Kopf durchs Leben. Dass sie möglicherweise in seinem Kopf wandern, die Position wechseln würde, haben die Ärzte ihm damals nicht gesagt.

Die Schlacht bei Verdun dauerte fast ein Jahr, war nicht nur die längste, sondern auch die verlustreichste des Ersten Weltkrieges.

Was mein Vater in diesen langen Monaten in den Schützengräben erlebt hatte, machte ihn zu einem überzeugten Pazifisten, der nicht müde wurde, den Irrsinn eines jeden Krieges anzuprangern.

»Die Waffen nieder!«, jener Titel, den Bertha von Suttner für ihr Buch gewählt hatte, wurde ihm zeitlebens zu einer Herzensangelegenheit.

Außen dunkelroter Stoffeinband, innen Frakturschrift, die Seiten vergilbt, weil schon lange im Gebrauch, oft gelesen. An den Seitenrändern Anmerkungen meines Vaters, ich kann sie nicht lesen, sie sind in Sütterlin geschrieben. Die Handschrift, die mein Vater in der Schule lernte.

Ich war zwölf oder dreizehn Jahre alt, als er mir das Buch von Bertha von Suttner gab. Zu früh für ein fast noch Kind, für ein junges Mädchen?

Ich glaube nicht.

Es gab im Tagesablauf meines Vaters eine Stunde, in der ich seine Aufmerksamkeit teilen musste. Jene Zeit am Abend, in der im Radio die Nachrichten und Hintergrundberichte des politischen Tages kamen. Wir wohnten in Mannheim, für uns war der Süddeutsche Rundfunk zuständig.

Ich hatte es mir angewöhnt, bei den Nachrichten dicht neben ihm vor dem Radioapparat zu sitzen, auch wenn ich nur einen Bruchteil dessen verstand, was ich hörte. Aber ich weiß bis heute sehr sicher, dass ich mich nie gelangweilt habe oder etwas anderes machen wollte.

Er konnte gut erklären, kindgerecht vereinfachen, sodass ich eine ganze Menge von dem, was auf der Welt los war, mitbekommen habe.

Namen ganz sicher.

Ich könnte heute in jeder Quizshow groß rauskommen, wenn es darum ginge, britische, sowjetische, amerikanische Außenminister aus jener Zeit aufzuzählen oder die wichtigsten Mitglieder der Regierung Adenauer zu benennen.

Weiß noch, wie die Erwachsenen den Atem anhielten, als die Suezkrise begann.

Wie wir am Radioapparat klebten, als sich die Ungarn während des ungarischen Aufstandes 1956 von einem geheimen Sender aus verzweifelt an die Weltöffentlichkeit wandten und vergeblich um Unterstützung baten.

Einige Zeit später gab es ein ungarisches Lokal in Mannheim, in das meine Mutter mit ihren Freunden ging, ich durfte hin und wieder mit.

Die Besitzer waren Ungarn, die nach dem Aufstand in den Westen geflohen waren. Ihr Restaurant hatten sie »Budapest« genannt, ihre Gulaschsuppe trieb meiner Mutter ob ihrer Schärfe die Tränen in die Augen. Vielleicht waren es auch die Geiger, die direkt am Tisch mit ihrer Geige bei »Komm Zigan« um die Wette schluchzten.

Mit den vielen gemeinsamen Radioabenden hatte mein Vater einen Grundstein gelegt. Mein Interesse für Geschichte und Politik war früh geweckt, bis heute ist es irgendwie ein merkwürdiger Tag, wenn ich keine Nachrichten im Radio hören kann. Oder nicht morgens in der Früh die Süddeutsche auf dem Tisch liegt. Ja, ich gehöre noch zu den Menschen, die Papier mögen, die nur wenig Lust haben, auf dem Handy rumzuwischen, um informiert zu sein. Mache ich auch, aber nur, wenn es nicht anders geht.

Ich habe damals sicher nicht alles verstanden, was Bertha von Suttner geschrieben hat. Ich erinnere mich aber noch gut an die dramatische Lebens- und Leidensgeschichte jener jungen Frau, die verliebt durch die Ballsäle der beginnenden Donaumonarchie walzerte. Der ihre erste große Liebe brutal durch einen Krieg genommen wird. Und als sie irgendwann den Mut aufbringt, sich neu zu verlieben, stirbt auch dieser Mann im Kugelhagel.

Kriege, angezettelt von Männern, die sich nicht mit Reden oder gar Versöhnen aufhalten wollen, sondern lieber gleich losmarschieren. Ich merke, wie ich die Faust balle ob des Kritikers, der Bertha von Suttners Roman mit den Worten rügt: »Wo Männer fechten, hat das Weib zu schweigen.«

Bertha von Suttners Friedensnobelpreis-Buch war das wichtigste Antikriegsbuch des frühen 20. Jahrhunderts. Und sicher fand sich auch mein Vater, der Weltkriegsveteran, darin wieder. Als er Hals über Kopf

Wohnung und Erfurter Heimat verließ, musste er auch all seine Bücher zurücklassen.

Nur eine unauffällige Aktentasche hatte er bei der Flucht in den Westen bei sich. Darin Unterlagen und Dokumente, Papiere, mit denen er später in der Bundesrepublik um seine Anerkennung als politisch Verfolgter kämpfte.

Mitgenommen hat er damals nur ein einziges Buch. Das Tagebuch seines Sohnes, der in einem Krieg, losgetreten von einem Verbrecher mit Allmachtsfantasien, sinnlos sterben musste.

Meines Vaters Sohn war gerade mal 22 Jahre alt, als er auf einem Schlachtfeld in Russland verblutete.

»Stiller, einsamer Tod«, schrieb er in sein Tagebuch. Es waren die Abschiedsworte an seine Eltern.

Als mein Vater im März 1953 von Ost nach West flüchtete, folgten meine Mutter und ich ihm wenige Tage später auf demselben Weg, wir fuhren über den Ostberliner Bahnhof Friedrichstraße mit der S-Bahn nach Westberlin.

Mein Vater konnte nicht wissen, dass ihm in der Freiheit nur acht Jahre bleiben würden, um ein neues Leben aufzubauen.

In diesen Jahren brachten ihm Freunde bei ihren Besuchen in Mannheim nach und nach Teile seines alten Lebens mit. Geschmuggelt in Koffern, mit denen sie im Interzonenzug von der DDR in die BRD fuhren. Ein paar Fotos, ein Silberbesteck von seinen Eltern, einen zusammenklappbaren Zylinder, den er bei Premieren im Erfurter Theater getragen hatte. Einer transportierte sogar einen kleinen Teppich, an dem mein Vater gehangen hatte, in die neue Heimat.

Mein Vater hatte wohl auch eine Liste gemacht, welche Bücher aus seiner Erfurter Bibliothek er gern wieder bei sich hätte.

Bertha von Suttners Antikriegsbuch gehörte dazu.

Auch »André und Ursula« von Polly Maria Höfler, eine Liebesgeschichte zwischen einer Deutschen und einem Franzosen. Das Tagebuch eines französischen Soldaten, André, der bei der Schlacht von Verdun 1916 schwer verwundet wird, spielt darin eine wichtige Rolle. Auf ungewöhnlichen Wegen landet es irgendwann bei der jungen Deutschen Ursula, die fasziniert davon ist und den Franzosen in Frankreich besucht. Die beiden verlieben sich ineinander.

Der Roman erschien 1937, wurde ein Bestseller. Ein Buch, das für Frieden und Verständnis zwischen Deutschen und Franzosen nach dem Ersten Weltkrieg wirbt, erscheint also, als sich bereits der Zweite Weltkrieg anbahnt. So weit, so einfach?

Nicht ganz. Denn die Sprache der Autorin lässt erahnen, dass sich der Roman auch als Propaganda für das NS-Regime verstehen ließ.

Vermeintlich pazifistisch, dabei eher heroisierend und volkstümlich.

Nach dem Krieg versucht die Autorin, ihre Nähe zu den Nationalsozialisten zu relativieren. Wenige Jahre nach Kriegsende erscheint der Roman – von der amerikanischen Militärregierung genehmigt – in überarbeiteter Fassung. Polly Maria Höfler widmet das weichgespülte Buch jetzt »dem unbekannten Soldaten des Zweiten Weltkrieges«.

Mein Vater, der Antifaschist, in der Schlacht von Verdun schwer verwundet, verliert seinen Sohn im Krieg auf einem Schlachtfeld in Russland.

Hat er nur die vermeintlich pazifistische Seite des Romans verstehen wollen?

Oder war es die überarbeitete Fassung, die er gelesen hat?

Ich kann meinen Vater nicht mehr fragen.

Ich war zwölf oder dreizehn, als ich das Buch las. Die Liebesgeschichte zwischen einem jungen Franzosen und einer jungen Deutschen war das, was mich an dem Roman fasziniert hat.

Zu den Büchern, die vom Bücherregal in Erfurt auf Umwegen zu meinem Vater nach Mannheim zurückfanden, gehörte auch die »Biene Maja« von Waldemar Bonsels.

»Die Blätter blinkten im Sonnenschein, Insekten gaukelten durch die Luft, und ganz nah und verlockend duftete der Jasmin. Aber Maja konnte ihn nicht mehr kosten, sie war schon gefangen. Ein kleiner blauer Schmetterling flatterte vorüber.

Ach, Sie Arme, rief er, als er Maja um ihr Leben zappeln sah. Leider kann ich Ihnen nicht helfen. Das Netz der Spinne ist eine tödliche Falle. Niemand kommt da lebend heraus. Vergessen Sie die Sonne nicht in Ihrem tiefen Todesschlaf.

Mit diesen Worten gaukelte er weiter, bunt und glücklich und lebendig.«

Lese ich die Zeilen aus dem »Maja«-Buch heute mit 73 Jahren, ist es wie eine Reise in der Zeitmaschine. Ich bin zurück in der Kinderzeit und spüre die Angst von damals, als ich noch nicht wusste, dass es Maja raus aus dem Spinnennetz schaffen würde. Und ich mir also beim Vorlesen von Tante oder Opa unbemerkt die Ohren zuhielt und erst wieder hinhörte, wenn das Schlimmste vorbei zu sein schien.

An dieser kleinen Feigheit hat sich bis heute nichts geändert. Wenn es spannend wird, beim »Tatort« zum Beispiel, am besten Augen zu, Ton leiser und warten, bis das Gute gewinnt.

Die Geschichte der Biene Maja war, wie viele der Vater-Bücher, in Frakturschrift geschrieben. Der Einband, daran erinnere ich mich deutlich, hat mich als Kind begeistert. Winzig kleine gelb-rote Blumen, dazwischen hin und wieder ein rot-schwarzer Marienkäfer. Fast schon ein erstes Wimmelbild.

Die Biene Maja erschien vor mehr als hundert Jahren das erste Mal.

Ein Kinderbuch in der großen Bibliothek meines Vaters?

Kann es sein, dass er in den 20er-Jahren des letzten Jahrhunderts auch seinem kleinen Sohn aus der »Biene Maja« vorgelesen hat?

Jenem Sohn, der später als junger Mann im Krieg gestorben ist?

Am Ende hat der Krieg auch meinen Vater besiegt. 45 Jahre nachdem er in der Schlacht von Verdun in Frankreich durch einen Kopfschuss schwer verletzt worden war, bewegte sich die Kugel in seinem Kopf, löste einen Schlaganfall aus, an dessen Folgen er wenige Tage später starb.

Das Schreiben über die Bücher in meinem Leben ist eine Zeitreise, sie wird begleitet von der Frage: Was wäre, wenn?

Was wäre, wenn mein Vater mir nicht nur Bertha von Suttners Roman ans Herz gelegt hätte?

Hätte ich mit ihm Klassiker der Weltliteratur gelesen; welche hätte er mir empfohlen? Wie gut hätte ich mit ihm darüber reden, mich auseinandersetzen können. Was wäre gewesen, wenn wir im Mannheimer Nationaltheater nicht nur »Peterchens Mondfahrt« und »Das fliegende Klassenzimmer« gesehen hätten? Wenn ich ganz selbstverständlich in ein Leben mit Literatur und Oper und Theater hineingewachsen wäre? Was wäre anders heute? Wäre die Scheu vor Weltliteratur, vor einem Zauberberg, vielleicht gar nicht erst aufgetaucht?

Hätte ich mir schon früh ein eigenes Urteil bilden

können? Wie wichtig wäre mir heute noch die Meinung eines prominenten Literaturkritikers wie Marcel Reich-Ranicki?

Wäre ich erst gar nicht auf die Idee gekommen, dass man den Zauberberg gelesen haben muss, um eine Buchempfehlerin zu sein?

Egal, ich habe mich auf den Weg gemacht, es gibt kein zurück. Zauberberg muss sein.

Schließlich verstehe ich auch, gewisse Zeichen zu deuten. Ich habe mir den Roman, als ich mit dem Schreiben begann, als Taschenbuch gekauft.

Und was passiert?

Wenig später entdecke ich das Original in meinem Bücherregal, ganz oben, unter der Decke.

Ja, genau, jenes grüne Buch mit den silbernen Streifen, das bei meiner Mutter im Wohnzimmer hinter Glas stand. Hat mich ziemlich umgehauen.

Wieso ist dieses Buch jetzt bei mir? Stehen vielleicht auch noch irgendwo »Der große Regen« und der »ADAC-Reiseatlas« rum?

Der Zauberberg aus meiner Kindheit hat seine besten Tage schon hinter sich, die Ausgabe ist immerhin fast siebzig Jahre alt, der Buchrücken hängt an ein paar losen Fäden. Wer hat sie gekauft, ein Jahr nach unserer Flucht von Ost nach West? Vorne, dort wo Titel und Verlagsangaben stehen müssten, fehlt eine Seite.

Jemand hat sie wohl herausgerissen. Warum? Stand etwas darauf, was nicht mehr zu sehen sein sollte?

Damals hat man noch seinen Namen in Bücher geschrieben, die einem wichtig waren.

Hatte mein Vater sich das Buch im Westen neu gekauft, weil er es noch mal lesen wollte?

Hat meine Mutter es sich ausgeborgt?

Warum hat meine Mutter, von all den Büchern, die mein Vater bei seinem Tod hinterließ, ausgerechnet den Zauberberg hinter Glas gestellt? Weil sie sich, genau wie ich heute, schmücken wollte damit, einen Klassiker der Weltliteratur gelesen zu haben?

Hat sie ihn gelesen?

Oben unter der Decke stand auch noch, mit ein paar undefinierbaren Flecken auf dem Einband, »Der große Duden Band 5, Fremdwörterbuch«, erschienen in Mannheim 1960.

Als ich ihn aufschlage, sehe ich die Sütterlinschrift meines Vaters: »Christine Westermann, 19. 9. 1960«. Fünf Monate vor seinem Tod hat er dieses Buch für seine Tochter gekauft. Ich blättere weiter und sehe die Handschrift meiner Mutter. Auf der Lexikonseite mit dem Buchstaben C hat sie in Druckbuchstaben notiert: »Cornell-Universität in Ithaca«.

Unter E: »EFTA und Elysee-Palast«.

Bei M: »Moral rearmament«.

Meine Mutter war beim Mannheimer Morgen die Sekretärin des Chefredakteurs.

Weiß der Himmel, was für fremdwörtergespickte Leitartikel er ihr in den Stenoblock diktiert hat.

Moral rearmament?

Moralische Aufrüstung, früher auch Oxfordgruppenbewegung genannt, 1938 von Frank Buchman begründet.

Habe ich nachgeschaut. In jenem alten Duden.

Ganz oben unter der Zimmerdecke neben dem Zauberberg und dem Duden lag auch noch ein vergilbtes schmales Buch, dem irgendwann der Buchrücken abhandengekommen war.

»Die Salzberger Schwalbengeschichte« von Else Thomé, erschienen Anfang des Krieges im Deutschen Verlag Berlin. Innen, auf der ersten Seite, steht: »M. Westermann, Sommer 1943«.

Marga Westermann war die erste Frau meines Vaters. Sie starb im Winter 1943. Am Schmerz über den Kriegstod ihres Sohnes, hat mein Vater erzählt.

Von meinem Leben mit Büchern zu erzählen, ist in der Tat zu einer Zeitreise geworden.

Zauberberg (I): Der Anstieg

Hans Castorp aus Hamburg reist nach Davos in die Schweiz, um seinen lungenkranken Vetter Joachim zu besuchen. Er plant, drei Wochen im Sanatorium »Berghof« zu bleiben.

Das wäre zunächst der Schnelldurchlauf bis Seite 236, so weit bin ich im ersten Anlauf gekommen.

Aber Schnelldurchgang ist nicht das Ding von Thomas Mann. Hat er im Vorsatz ja schon angekündigt. Die Fichten rund ums Sanatorium stehen jedenfalls lange Seiten ziemlich ernst, sind riesig und von ebenmäßigem Wuchs. Kann man auch von Vetter Joachim sagen, der nachgerade schön wäre, hätte er nicht abstehende Ohren.

Der Autor liebt es, sich sprachlich zu verbiegen. Macht aus einem Elternhaus eine Pflanzstätte und aus einem Feuerzeug einen Taschenzündapparat. Aber vermutlich war ein schlichtes Feuerzeug mit einer Maria Mancini, Castorps bevorzugter Zigarrenmarke, auch überfordert.

Sex ist nach gut zweihundert Seiten auch im Spiel. Was Hans Castorp alias Thomas Mann wohl nicht ganz geheuer ist. Die zwei, die da im Nebenzimmer Spaß miteinander haben, lassen ihre nächste Umgebung teilhaben.

»Das Liebesspiel ist ins Tierische übergegangen«, stellt Castorp beim Zuhören widerwillig

fest. »Nun, es sind Eheleute, in Gottes Namen. Soweit ist die Sache in Ordnung. Aber am hellen Morgen, das ist doch stark.«

Bis die Liebe aber am Ende den regnerischen Abendhimmel entzündet, kann es noch dauern. Nach meinen Berechnungen noch ganze 712 Seiten.

3

Jede unglückliche Familie ist unglücklich auf ihre Weise (aus: »Anna Karenina«).

Lew Tolstoi

»Liebe Frau Westermann, anbei eine berührende Familiengeschichte, an deren Ende nichts mehr so ist, wie es vorher war. Wir hoffen, dass Sie von der Lektüre genauso angetan sind wie wir.«

Ein handgeschriebenes Kärtchen, das der Verlag einem neu erschienenen Roman beilegt. Von freundlichen Notizen wie diesen habe ich viele in den letzten Jahren bekommen. Geschrieben von Lektoren, Verlegern, wohlmeinenden PR-Mitarbeitern der Verlage, die allesamt ein gutes Gespür bewiesen, auf welche Lektürefährte man die Westermann am leichtesten locken konnte: Familiengeschichten, Beziehungschaos mit Kindern im Schlepptau.

Hin und wieder habe ich mich über solche Kärtchen auch ordentlich geärgert. Wenn sich hinter der freundlichen Mitteilung eine schlimme Mogelpackung verbarg. Ein Roman, der nicht nur an der Kitschgrenze vorbeischrammte, sondern sie deutlich überschritt und das Happy End in den schlimmsten Rosarottönen ausmalte.

Familiengeschichten und Beziehungsdramen um jeden Preis?

Nein, aber falsch war die Richtung nie.

Tief drinnen treibt mich die Neugier um. Wo wollen andere mit ihrem Leben hin und wie machen sie das? Warum scheitern sie, wann gewinnen, wann resignieren sie?

Welchen Ballast können sie abwerfen, was werden sie ein Leben lang nicht los?

Ich mag es, beim Lesen im Leben der anderen zu stöbern, mich in andere hineinzudenken, Geschichten von Familien zu lesen, die genauso wenig funktioniert haben wie meine.

Widrige Lebensumstände, die sich irgendwann als Glücksfall erweisen, weil man früh lernt, dass nicht alles glattläuft. Dass Ecken und Kanten dazugehören. Dass man Prognosen manchmal trotzen kann.

Ist es meine angedellte Kindheit, die mich beim Schreiben dieses Buches hier viele Jahre später noch grübeln lässt, was gewesen wäre, wenn?

Geht die Gefühlsachterbahn der frühen Jahre als Begründung dafür durch, dass bei den Hunderten von Büchern, die ich besprochen habe, oft kaputte Ehen und schwieriges Erwachsenwerden eine Hauptrolle gespielt haben? Warum habe ich mich nie spontan für einen Schiffsuntergang vor der westafrikanischen

Küste interessiert, der zwar schon mehr als zwei Jahrhunderte zurückliegt, aber als Buch ein Knaller, eine ungemein spannende und gut geschriebene Lektüre war?

Jedes Buch ist wie ein Fenster, durch das man in andere Leben guckt. Was könnte einer heute sehen, der meine Bücher liest und in mein Leben guckt? Dass die Dellen aus der Kindheit im Laufe der Jahre ziemlich gut repariert wurden?

Die Sehnsucht nach einer halbwegs heilen Familie aber nie ganz verschwunden ist?

Vermutlich würde meine eigene Familie ziemlich gut als Romanvorlage dienen. Sie war ganz sicher auf ihre eigene Art unglücklich, weil schon die Konstellation nicht ohne war. Nicht einfach nur Vater, Mutter, Kind. Stattdessen eine Mutter, drei Väter, drei Töchter. So verschieden ihre Väter waren, so verschieden sind auch die drei Schwestern. Es sind verworrene und verwirrende Familienverhältnisse, in denen es nicht nur die Eltern, sondern auch die Groß- und Urgroßeltern auf mindestens eine Scheidung gebracht haben. Ich scheine ziemlich aus der Art zu schlagen. Schon 22 Jahre verheiratet und keine Scheidung in Sicht.

Ich habe viele Romane über Familien, gescheiterte Beziehungen, Affären, über Lug und Trug bei der Liebe gelesen, aber es gibt eben nicht *das* eine Buch, das mich besonders beeindruckt hat, mein »Familien-Lieblingsbuch«. Gibt es ohnehin nicht in meinem Leben, die sogenannten »Lieblingsbücher«. Weil das, was ich mag, auch abhängig ist von Tagesform, Lebenssituation, Gefühls- und Familienlage. Wenn ich gerade mal wieder mit einer meiner Schwestern über Kreuz liege, weil ich es leid bin, als älteste von uns dreien auch immer die Vernünftige zu sein, die Verständige, die Vergebende, kann mein Blick auf Beziehungsromane anders sein als sonst.

Manchmal gibt mir schon der Titel einen kleinen Kick, weil er in eine für mich ungewöhnliche Richtung geht.

Vielleicht mochte ich bei dem Buch, das ich stellvertretend für Beziehungsromane ausgesucht habe, schon gleich den Titel:

»Der größte Spaß, den wir je hatten«.

Der größte Spaß, den sie je hatten – für David und Marilyn, die sich in Chicago kennengelernt haben, ist es ihre Ehe. Die hält schon vierzig Jahre, sie sind noch immer ziemlich verknallt ineinander, haben noch immer Lust, miteinander ins Bett zu gehen, die erotische Anziehung hat nie nachgelassen. Vierzig Jahre und vier Töchter, die mit Macht versuchen, die Eltern in Sachen Glück, Erotik, Sex, Liebe zu imitieren. Und grandios scheitern.

Jede auf ihre Art.

Die eine, früh verwitwet, versucht es mit Alkohol und jungen Männern.

Die zweite mutiert von erfolgreicher Anwältin zu nerviger Vollzeitmutter, die dritte, hochintelligent und eine der jüngsten Professorinnen des Landes, bekommt ein Kind mit einem Mann, den sie nicht liebt und von dem sie nicht weiß, ob sie es will. Und die vierte, das Nesthäkchen, bei der es perfekt zu laufen scheint, lügt in Wirklichkeit alle so gekonnt an, dass sie sich ein Jahr nicht nach Hause traut. Während im Leben der Töchter beständig alles in Schieflage ist, haben die Eltern weiter den größten Spaß. Sie haben einander.

Das Buch hat 700 Seiten, ein gutes Kilo Papier beständig in der Hand zu halten, ist nicht ohne. 700 Seiten, da könnte es – rein theoretisch – zwischendurch auch mal lang und langweilig werden. Trifft in diesem Fall nicht zu.

Welch ein Vergnügen, diesen Roman zu lesen. Keine triviale Familiengeschichte, in der sich am Ende alle in den Armen liegen. Nichts ist gut, auch am Ende nicht, aber das hat man auch gar nicht erwartet. Kein einziges Mal erliegt die amerikanische Autorin Claire Lombardi der Versuchung, vier Jahrzehnte Ehe mit vier Kindern als heiteres, heiles Familienunternehmen zu schildern.

Im Gegenteil: Irrungen und Wirrungen, geplatzte Träume, schnöde Lügen, Scheitern und Verlieren gehören sehr selbstverständlich dazu. Wie im richtigen Leben eben auch.

Siebenhundert Seiten, spannend, klug geschrieben, mit unerwarteten Zeitsprüngen und wilden Wendungen, witzig, amüsant, kein bisschen tränendrüsig.

Es ist der Debütroman von der Autorin, in Amerika war er auf den Bestsellerlisten, wurde begeistert gefeiert.

Claire Lombardi war Sozialarbeiterin, hat angefangen, für Zeitschriften zu schreiben, arbeitete als PR-Frau für ein kleines Unternehmen, das Holzblasinstrumente herstellt. Und dieses kleine Stück ihrer Vergangenheit streift sie auch in ihrem Buch. Mittlerweile lehrt Claire Lombardi an der Uni in Iowa kreatives Schreiben. Etwas, das sie selbst bereits meisterhaft beherrscht.

4

Plötzliche Regenfälle können zum Betreten einer Buchhandlung führen.

Loriot

So war es früher: Eine Buchhandlung war nie wirklich ein Ziel beim Einkaufen. Ich bin eher zufällig hineingestolpert, Regen eben. Rein in die Buchhandlung und augenblicklich stellte sich bei mir ein Gefühl leichter Beklemmung ein. Weil schon völlig klar war, was kommen würde. Eine engagierte Buchhändlerin würde auf mich zutreten und mich freundlich fragen, ob ich etwas Bestimmtes suche. Klar suche ich ein Buch, aber was für eines?

Mit dem Spruch »Ich will mich nur mal umschauen« kommt man in jeder mittelmäßigen Boutique durch. Nicht aber in einer Buchhandlung. Es sei denn, es ist der letzte verkaufsoffene Samstag vor Weihnachten und alle engagierten Buchhändlerinnen sind damit beschäftigt, Bestseller in Weihnachtspapier zu wickeln.

Falls man aber auch außerhalb der Feiertage keine

Ahnung hat, bewegt man sich schon mit der ehrlichen Antwort »Ich suche ein Buch« auf sehr dünnem Eis.

Jetzt nämlich geht es sofort ans Eingemachte. Welches Genre, welcher Autor, Sachbuch, Fantasy oder knallharte Wirklichkeit? Muss man alles erst mal mit einem verlegenen Achselzucken beantworten. Man kennt die Spiegel-Bestsellerliste nicht, hat sich im Radio noch nie gezielt eine Buchsendung angehört. Also kommt jetzt zwangsläufig eine durchaus gut gemeinte Buchhändlerinnen-Frage, bei der sich allerdings umgehend ein starker Fluchtinstinkt bei mir meldet, weil ich ihr dringend entkommen möchte: Haben Sie schon ABC von XY gelesen?

Nein. Habe ich nicht. Den Bestseller von XYZ leider auch nicht. Damit ich nicht noch mehr weiße Flecken in meinem Literaturwissen preisgeben muss, heuchle ich Interesse, kaufe beide und nehme vom Bestsellerstapel noch eines von ganz unten und eines von ganz oben mit. Damit sie denkt, ich sei unersättlich, was Literatur angeht. Und jetzt nichts wie raus, zurück in den Regen.

So oder ähnlich gestaltete sich mein Leseleben lange Zeit. Ausnahme: meine San-Francisco-Jahre, in denen ich ungewöhnlich viel gelesen habe. Warum ich gerade dort das Lesen so intensiv erlebt habe, ist ein anderes Kapitel.

Hier in Deutschland habe ich mich an Empfehlungen von Freunden orientiert, an Verlagsanzeigen in den überregionalen Zeitungen, in literarische Fernsehsendungen reingeguckt. Wurde so zu einer stillen Verehrerin von Elke Heidenreich. So eine leidenschaftlich laute, so eine überzeugte Vielleserin wäre ich auch gern gewesen. Und manchmal, auch heute noch, verweise ich auf ihr Markenzeichen, das Heidenreich'sche Gütesiegel: das Ausrufezeichen. Wie bei »Gruber geht«, einem Roman der österreichischen Autorin Doris Knecht.

Die Geschichte spielt in Wien, Berlin, Zürich. Gruber ist ein gut aussehender, sehr erfolgreicher Manager, dessen Leben aus Businessclass-Flügen, Designerapartment und attraktiven Frauen besteht. Ganz nebenbei ist er auch noch ein Kotzbrocken, aber das stört ihn nicht weiter. Das, was an diesem Typen so beeindruckend ist, fällt in sich zusammen, als Gruber erfährt, dass er einen Tumor im Bauch hat. Und jetzt?

Jetzt beginnt eine wirklich gute Geschichte.

Wenn einem der Protagonist, also dieser Gruber, von Beginn an von Herzen unsympathisch ist, wenn man sich zögernd mit ihm verändert, um ihn nach zweihundert Seiten sogar ganz okay zu finden, dann hat die Autorin beim Schreiben einiges richtig gemacht. Eigentlich alles. »Gruber geht« ist ein schnelles, ein sehr unterhaltendes Buch, das immer gut die Kurve kriegt, wenn es ins allzu Flache oder Sentimentale abzudriften droht.

Die Sprache ist eigenwillig lakonisch, aber sie hat unglaublich viel Witz, viele Pointen, sie wird keine Sekunde rührselig oder bedrückend, was beim Thema Krebs naheläge.

Der Roman bleibt elegant in Balance zwischen Zynismus und menschlicher Wärme, Hoffnung und Enttäuschung. »Honiggrenze« hat es neulich mal ein Kritiker genannt, wenn ein Roman zu süßlich zu werden droht. Am Ende des Buches ist die Honiggrenze fast in Sichtweite, aber eben nur fast.

Es gilt der Heidenreich-Klassiker: LESEN!

Manchmal war mir das Ausrufezeichen bei »Lesen!«, der TV-Sendung von Elke Heidenreich, zu dick aufgetragen, hatte einen Anflug von strenger Deutschlehrerin und Schullektüre. Eine vage Erinnerung an eine Lesezeit, aus der es kein Entkommen gab. In der man eben Cyrano de Bergerac von Anfang bis Ende lesen musste, großflächiges Überlesen der langweiligsten Stellen war nicht drin.

Heidenreichs Bibliothek zu Hause stellte ich mir üppig vor, ganz sicher mit verschiebbarer Leiter für die obersten Regale.

Ich bin ihr damals, in den 80er-/90er-Jahren, ein paarmal begegnet, wir hatten einen gemeinsamen Freund. Wenn sie mich sah, begrüßte sie mich freundlich mit den immergleichen Worten: »Ah, die schöne Christine.« Ein sicher freundlich gemeintes Kompliment, was aber nie wirklich zündete. Es hat mich kleingemacht, jedenfalls fühlte es sich so an.

Ich wäre lieber auf mein Literaturwissen angesprochen worden als auf mein Aussehen.

Zauberberg (II): Ankunft auf Seite 274

Mühsam bis hierhin.

Es ist, als trete man beim Lesen auf der Stelle.

Was daran liegen könnte, dass die Handlung nicht vom Fleck kommt.

Hans Castorp geht die Schweizer Berge hoch und runter, trifft beständig auf Lodovico Settembrini, den italienischen Intellektuellen, auch Patient im »Berghof«, der ihn in anspruchsvolle philosophische Gespräche verwickelt.

Ansonsten ist Castorp mit Essen beschäftigt. Er frühstückt zweimal, isst üppig zu Mittag, gefolgt von Kaffee und Kuchen … die Speisenfolge, die Milchkuren, die Braten und Torten erregen zumindest mal kurzfristig meine Aufmerksamkeit. Während ich weiterlese, werde ich so müde wie Hans Castorp, der nach dem Mittagessen auf dem Balkon seiner Residenz liegt und auf den Schlaf wartet. Perfekt in eine Sanatoriumsdecke gewickelt, die keine Lücke lässt und auch bei kaltem Wind vom Zauberberg dort oben die Füße und den ganzen Menschen kuschelig warm hält. Thomas Mann widmet dieser Wickeltechnik eine Menge Platz. Und ich stelle beeindruckt fest: Lesen bildet.

»Und dann war plötzlich nichts mehr so, wie es vorher war.« Ein Satz, der mich in Klappentexten, in denen ein Roman für den Leser kurz zusammengefasst wird, oft knurrig werden lässt. Weil er alles sagen will und doch so nichtssagend ist.

Aber eben manchmal auch sehr nah dran an der Wirklichkeit. In meiner Wirklichkeit war es ein Anruf des Westdeutschen Rundfunks Anfang 2000, mit dem sich in der Rückschau eine ganze Menge in meinem Leben verändert hat.

Ich war zu jener Zeit ein Zwitterwesen. Zum einen Journalistin und Moderatorin einer Regionalsendung in Nordrhein-Westfalen, der »Aktuellen Stunde«, zusammen mit Frank Plasberg. Zum anderen Moderatorin einer Unterhaltungssendung gemeinsam mit dem Musiker Götz Alsmann. Hat eine ganze Weile gedauert, bis ich den Spagat geschafft habe zwischen einem ernsthaften Minister-Interview in der AKS und Tortenwürfen auf Politiker bei »Zimmer frei«.

Der Anruf, nach dem nichts mehr so war wie zuvor, kam im Frühjahr 2000.

Ob ich Lust hätte, Buchtipps bei WDR 2 zu machen.

Ich?

Buchtipps? Aber das war noch nicht mal alles.

Buchtipps im Wechsel mit Elke Heidenreich.

Einen Sonntag sie, den nächsten ich. Jede zwei Neuerscheinungen pro Monat. Sie und ich.

Christine Westermann und ihre Fast-Ikone Elke Heidenreich.

»Warum gerade ich?«, habe ich ziemlich fassungslos gefragt. Antwort: »Weil wir glauben, dass du das kannst.« Natürlich wollte ich mir keine Blöße geben, aber so ein bisschen durch die Blume wollte ich unbedingt durchscheinen lassen, dass ich doch gar nicht so belesen bin.

Nicht wirklich weiß, wer Seamus Heaney oder Nagib Mahfuz ist, ich aber davon ausgehe, dass einer, der anderen Menschen Bücher ans Herz legt, sicherlich auch die Literaturnobelpreisträger der letzten 20 Jahre kennen sollte. Und ihre Bücher natürlich auch gelesen hat.

Keine Ahnung, warum in meinem Kopf dieses spezielle Bild eines Buchexperten verankert ist. Er liest alles, ein Buch der Weltliteratur auszulassen, gilt nicht. Dass er auch die Biografien der meisten Nobelpreisträger mühelos runterbeten kann, versteht sich von selbst.

Nach dem Anruf bat ich mir Bedenkzeit aus, obwohl ich keine Ahnung hatte, was ich eigentlich bedenken wollte. Dass ich keine Vielleserin bin, war mir klar. Den anderen wohl nicht. Sollte ich den Irrtum nicht besser aufklären?

Zurückblickend denke ich heute, dass ich ganz schön verwegen war. Mutig, vielleicht sogar übermutig.

Ich hatte nämlich keinen Plan, wie das mit den Westermann-Buchtipps jetzt gehen sollte.

Gut, zwei Bücher pro Monat zu finden, das könnte ich schaffen, aber wie finde ich genau die zwei, die mir auch richtig gut gefallen?

Elke Heidenreich zu fragen, kam nicht infrage. Christine Westermann schafft das ohne Hilfe, ihr zweiter Vorname ist Herausforderung.

Mir war dabei aber durchaus bewusst, dass ich mich in meinem Leben schon vor diesem Anruf an mehr als einem Projekt verhoben hatte.

Es hatte zum Beispiel ein paar eher demütigende Auftritte als Moderatorin von Galaveranstaltungen gebraucht, bis ich begriffen hatte, dass ich andere Sachen besser beherrsche. Eine Moderation vor ein paar Hundert Menschen, auf einer großen Bühne, womöglich auch noch so was wie eine kleine Showtreppe, war nicht wirklich mein Ding. Überflüssig zu erwähnen, dass ich in einem bodenlangen Strasskleid nicht wirklich eine gute Figur mache.

Vor einer Kamera zu stehen, wohl wissend, dass mir ein paar Hunderttausend Menschen zugucken würden, hat mich dagegen fünfzig Jahre lang nicht weiter beeindruckt.

Bücher im Radio zu empfehlen, das hörte sich nach einer ziemlichen Herausforderung an.

Ich sagte zu.

Machte das, was mir im Rückblick als ziemlich irrsinnig vorkommt, damals aber eine logische Geschichte zu sein schien. Ich brauchte Bücher, also ging ich in eine Buchhandlung und kaufte mir jene Bücher, die vielversprechend aussahen. Dass ich nur Bücher empfehlen würde, die ich selbst mit großer Lust gelesen hatte, das war mir damals schon instinktiv klar.

Nur konnte es passieren, dass ich mit fünf Romanen zu Hause ankam und nicht einer der fünf meine Zustimmung fand.

Also wieder rein in den Buchladen und neu ausgesucht ... und irgendwann war mir klar, das wird auf Dauer zu teuer, so läuft das nicht, ich mache was falsch. Von der Redaktion kam irgendwann der fabelhafte Hinweis, die Verlage würden einem jene Bücher, in die man reinlesen wolle, nach Hause schicken. Freiwillig. Kostenlos. Und damit war wirklich nichts mehr so, wie es vorher einmal war.

Dass ich noch heute beim Betreten einer Buchhandlung das Gefühl habe, ich müsste auf der Hut sein, ist vermutlich ein Fall für eine gute Therapeutin. Denn das Gefühl, nicht genug oder nicht das Richtige gelesen zu haben, beschleicht mich noch hin und wieder – nach sicher tausend fürs Radio und Fernsehen gelesenen Büchern.

Ich erinnere mich an eine Sendung im »Literarischen Quartett«, in der ich voller Inbrunst den Roman eines britischen Autors empfohlen habe. Jon McGregors »Speicher 13«.

Er spielt in einem kleinen Nest irgendwo in der Mitte von England. Ein 13-jähriges Mädchen verschwindet, sie war mit ihren Eltern zu Besuch im Dorf, wollte die Weihnachtsferien dort verbringen. Ein Großaufgebot an Polizei ist vor Ort, auch die Einwohner helfen bei der Suche. Was wie der Beginn eines Thrillers klingt, täuscht. Es geht nicht um die Auflösung eines vermeintlichen Verbrechens oder Unglücks, sondern um die Beschreibung eines Dorfes und seiner Bewohner, die mit diesem Ereignis umgehen müssen. Über Jahre. 13 Jahre. Es gibt nicht einen Protagonisten, es gibt viele. Und deshalb ist es nicht mal wichtig, sich Namen einzuprägen. Beim Lesen treibt es einen unaufhörlich mittenrein in das Leben dieser Menschen.

Vermeintlich Unbedeutendes steht neben vermeintlich Spektakulärem.

Ein Schaf erfriert, ein Paar trennt sich, die Dachse sind im Winterschlaf, der Dorfmetzger geht bankrott, die unterschiedlichsten Menschen verlieben und entlieben sich, im Dorf brennt ein Schuppen, der alte Bauer hat einen Schlaganfall. Es geht darum, sichtbar zu machen, wie Zeit vergeht. Jahre und Jahreszeiten. Wie sich dabei das Leben der Menschen verändert. Der Autor ist wie ein Stadtschreiber unterwegs. Schreibt sehr distanziert, lakonisch, knapp, nie belehrend. Und das einzig Gewisse ist das Vergehen der Zeit. Das macht »Speicher 13« so großartig, weil das Aufregende, das Spannende, das es durchaus auch gibt, ganz leise, wie selbstverständlich daherkommt. Ich habe schon lange kein Buch mehr gelesen, das einen derart intensiven Sog entwickelt.

Ein Roman, der aufs Schönste zeigt, wie aus einem »Tatort«-Thema große Literatur werden kann.

Für die verwegene Behauptung, dies Buch könne möglicherweise große Literatur sein, habe ich von den »Quartett«-Kollegen allerdings ordentlich Prügel einstecken müssen. Sie fanden es nervig bis unsäglich, langweilig bis verschwafelt, am Ende stand ich mit meiner Herzensempfehlung für den Roman allein da. Drei dagegen, allein die Westermann dafür. Dass dieser Roman in Großbritannien den Preis für das beste Buch des Jahres bekommen hatte, spielte in einer deutschen Literatursendung keine Rolle.

Diese Unsicherheit, was das eigene Urteil, das eigene Können angeht, begleitet mich durch mein Leben. Ist keine schwere Bürde mehr, ploppt hin und wieder auf, ich begrüße den Zweifel wie einen alten Freund.

Es gibt in Maastricht eine beeindruckende Buchhandlung, die Dominicanen. Von außen sieht sie aus wie eine stattliche Kirche, ist sie auch. Aber schon seit 200 Jahren hat dort niemand mehr zum lieben Gott gebetet, das riesige Kirchenschiff wurde für alle möglichen Zwecke genutzt, selbst zum Karnevalfeiern. Seit mehr als 15 Jahren stehen dort jetzt riesige Regale, an die man nicht mal mehr mit einer großen Leiter rankommt. Man steigt innerhalb der Regale Treppen empor, um an die ausländischen Bücher zu kommen. Und ein guter Freund nutzt jedes Mal die Gelegenheit, um sich zu vergewissern, dass seine Bücher dort zu finden sind. Im Ausland verlegt zu werden – dann hat man es, glaube ich, geschafft.

Erst mal nur in einer deutschen Buchhandlung zu stehen, ist auch ganz schön, finde ich. Für manche Autoren gehört es schon zum Ritual, nach dem Erscheinen ihres Buches mal zu gucken, wo die Buchhändler es hingestellt haben. Entdecken sie es am falschen Platz, schieben sie es so lange hin und her, bis der Roman dort steht, wo er ihrer Meinung nach auch hingehört.

Einer der besten Plätze ist natürlich einer auf der Bestsellerliste, selbst Platz 19 von möglichen 20 macht sich noch gut. Klebt der Verlag vorne noch ein kleines Bapperl drauf, »Bestsellerliste«, greifen Leser offensichtlich beherzter zu, weil sie das lesen wollen, was andere vor ihnen schon gut gefunden haben.

Mich hat in einer Talkshow der Moderator mal gefragt, ob ich wisse, wo mein neues Buch zu finden sei. »Bestsellerliste« habe ich mich natürlich nicht getraut zu sagen. Er habe, fährt der Moderator fort, in einer Buchhandlung mal nachgeguckt. Was, vermute ich mal, eine gut gemeinte Lüge war, vermutlich hat er einen Praktikanten geschickt, aber ich habe sie ihm durchgehen lassen. Und innerlich habe ich gebetet, dass die Buchhändler ein Buch über die Abschiede in meinem Leben nicht unter Ratgebern eingeordnet haben. Gleich neben »Darm mit Charme« oder den Büchern darüber, wie ich die Dellen auf meinen Oberschenkeln wieder loswerden kann.

Nur weil ich über den Abschied von meinem Vater oder den von einer Fernsehsendung geschrieben habe, bin ich kein Ratgeber, oder?

Ich weiß nicht, wie das geht mit dem Abschied. Jeder bewältigt ihn auf seine Art. Davon kann ich erzählen, das habe ich getan, aber bin ich dadurch zu einer Expertin geworden?

Ja, offensichtlich, denn selbstverständlich stand das Abschiedsbuch in der Ratgeberabteilung.

Sie kommen in Wellen, die Themen des Lebens. Vor einiger Zeit waren Zeitschriften und Magazine voll mit Reportagen zum Thema: Kinder kriegen. Ja oder nein?

Falls ja, wann? Falls nein, warum nicht? Und was, wenn man das Nein bereut, es aber kein Zurück gibt?

Mir war sehr früh in meinem Leben klar, dass mein Kinderwunsch eher ein verkümmerter ist.

Meine kleinste Schwester kam zur Welt, als ich 13 war. Es war die dritte Ehe meiner Mutter. Sie ging zur Arbeit, wenn ich am Mittag aus der Schule kam. War erst spät am Abend wieder zu Hause. Das Geld war knapp, klar. Aber nur Hausfrau zu sein, das kam für meine Mutter nicht infrage.

Ich mutierte zur Ersatzmutter für meine jüngeren Geschwister. Für die zweite Schwester aus der zweiten Ehe, sieben Jahre alt, und für das Baby aus der dritten.

Eine siebenjährige Schwester, das ging gerade noch so. Nachmittags hat sie sich, nachdem ich die Schularbeiten mit ihr gemacht hatte, mit ihren Freundinnen auf der Straße zum Spielen getroffen oder andere Mütter haben sie mitbetreut.

Meine kleine Schwester aber hatte mich, ihre Ersatzmutter. Ich erinnere mich gut, dass wir oft mit der Straßenbahn von unserem Mannheimer Vorort aus in die Innenstadt gefahren sind.

Am Paradeplatz gab es die Stadtbibliothek, mein Vorwand, damit ich überhaupt mit Kleinkind das Haus verlassen durfte. Meine kleine Schwester war brav, hat nicht gequengelt, wir beide sind also zwischen den Bücherregalen nicht weiter aufgefallen. Aber ich habe kaum Erinnerung daran, welche Bücher ich mir in den 60er-Jahren ausgeliehen habe. Enid Blyton und ihr Fünf-Freunde-Zyklus mag es gewesen sein. Vermutlich auch Susanne Barden, von ihren Krankenhaus-Lovestorys gibt es immerhin sechs Bände.

Für mich verbindet sich mit dem Gedanken an jene Stadtbücherei bis heute ein seltsames Gefühl. Nicht die Sehnsucht nach Büchern hat mich damals dorthin geführt. Es war der heimliche Wunsch, meinem Zuhause zu entfliehen. Die Bücher dienten nur als gute Ausrede.

Ich erinnere mich nicht daran, dass es Sachbücher gab. Dass Frauen darüber geschrieben hätten, ob es zu früh oder womöglich schon zu spät für einen Kinderwunsch war.

Eine Frau bekam Kinder. Es war nicht wirklich eine Frage des Wollens und damit auch keine Frage des richtigen Zeitpunktes. Für meine Mutter, glaube ich, war es ohnehin nie der richtige Zeitpunkt. Sie war knapp über zwanzig, als ich zur Welt kam. Ihr Ehemann, mein Vater, war fast vierzig Jahre älter. Ein Mann von hohem Ansehen in der Stadt, Verwaltungsdirektor an den Städtischen Bühnen. Eine gute Partie würde man das heute nennen. Der magere Zauber, der stumpfe Glanz, den ein Theater zu DDR-Zeiten drei Jahre nach Kriegsende bieten konnte, hat meine Mutter dennoch fasziniert. Sie hat die großen Theaterbälle und Feste geliebt, hat bei keiner Generalprobe und keiner Premiere gefehlt. Hat sich schnell in einen jungen Regisseur verliebt. Mein Vater hat stillgehalten, vielleicht hatte er Ehekrisen wie diese schon einkalkuliert, als er mit 60 Jahren eine so junge Frau geheiratet hat.

Vielleicht war es auch ganz anders, ich kann es nicht sagen. Meine Eltern haben als Eltern aufgehört zu funktionieren, als ich fünf Jahre alt war. Sie haben sich nach ihrer Flucht in den Westen scheiden lassen. Erfurt, die Bälle und der Regisseur waren da erst mal weit weg, die Realität einer Einzimmerwohnung bedrückend nah.

Meine Mutter ging, hat ihrem Leben eine andere Richtung gegeben. Sich schnell in einen gut aussehenden Mann verliebt, ihr zweites Kind bekommen. Sich wieder scheiden lassen.

Es ein drittes Mal probiert, ein drittes Kind bekommen. Beim dritten Mal gab es auch ein neues Wohnzimmerregal, wo dann erstmals Zauberberg und »ADAC-Reiseatlas« hinter Glas auftauchten.

Wollte meine Mutter zeigen, dass sie den Roman gelesen hatte? Schließlich stand er im Regal. Hatte sie ihn wirklich gelesen? Hat sie ihn als sichtbares Zeichen von Bildung ausstellen wollen? Und warum direkt daneben der »ADAC-Reiseatlas«? Welche Reisen hätte sie gern gemacht, welche Städte waren ihre Sehnsuchtsorte?

Wie sehr war sie die wenig aufregenden Fahrten zu den neuen Schwiegereltern in Bocholt leid?

Ich habe nie mit meiner Mutter darüber reden können, welche Lebensträume sie hatte. Welche sie verwirklichen wollte. Warum ich sie nie danach gefragt habe? Vielleicht, weil ich mit meinem eigenen Leben beschäftigt war. Vielleicht hatte ich Scheu, in das Leben meiner Mutter einzutauchen, von der ich durch das erlebte Beziehungs-Drunter-und-Drüber unmerklich immer ein bisschen weiter abgerückt war. Die nicht mehr meine Vertraute war.

Viel später habe ich gemerkt, dass mein Talent, emotionales Chaos in meinem Leben zu veranstalten, auch nicht von schlechten Eltern war. Besser: Die Tochter erkennt sich manchmal in der Mutter wieder. Das wäre der richtige Zeitpunkt gewesen, mit ihr darüber zu reden. Über ihre Wünsche, ihre Träume. Ob wir drei Kinder das Wünschen und Träumen irgendwann unmöglich gemacht haben? »Das Glück meiner Mutter« heißt ein Roman von Thommie Bayer, der fein beschreibt, was passiert, wenn man das Träumen und die Sehnsucht aufgibt. Für seine Kinder.

»Wie oft hatte ich mir als Kind gewünscht, meine Mutter würde diesen kalten, schweigenden Mann verlassen, wie oft versucht, sie dazu anzustiften, aber als sie eines Tages den Mut aufbrachte, kam er mir abhanden.« So beginnt dieser Roman.

Das Glück seiner Mutter wäre es gewesen, nach Italien zu ziehen, zu einem Mann, in den sie sich verliebt hatte. Als sie sich endlich entschließt, den schweigenden Ehemann in Deutschland zu verlassen, will sie nicht ohne ihren Sohn Philipp gehen. Philipp ist 14 Jahre alt, hat sich gerade zum ersten Mal verliebt, spielt in einer Band. Das ist sein Leben, für das Glück seiner Mutter will er es nicht aufgeben, er will beim Vater in Deutschland bleiben. Wie groß die Sehnsucht seiner Mutter war, welches Glück es für sie bedeutet hätte, ein neues Leben irgendwo anders zu beginnen, das konnte der Junge damals nicht wissen.

Sie bleibt in dieser Ehe, bei ihrem Sohn.

Viele Jahre später, Philipp ist erfolgreicher Drehbuchautor geworden, weiß er viel besser, wie das mit der Liebe geht, wie frei und glücklich sie macht, aber auch, wie schmerzhaft sie sein kann. Seine Freundin hat ihn nach ein paar Jahren verlassen, eine Beziehung, die so verheißungsvoll begann und in schmerzhafter Gleichgültigkeit endet. Er nimmt sich eine Auszeit, zum Vergessen und Sicherinnern fährt er nach Italien. Sich erinnern an die Urlaube, die der erwachsene Sohn hier mit seiner Mutter verbracht hat.

Er mietet ein Ferienhaus, wird eines Nachts wach, weil er Geräusche am Pool hört. Eine fremde Frau dreht dort ihre Runden. Wie nah genau diese Frau seiner verstorbenen Mutter war, wie viel sie von deren geheimem Leben wusste, welches Glück es auch für sie bedeutet hätte, wären Mutter und Sohn damals nach Italien gezogen, das erzählt Thommie Bayer sehr behutsam.

Der Roman ist auch eine Reise durch die Trattorien und Weinläden Norditaliens, durch die Museen und die kleinen Städte. Der Autor kennt sich aus mit Essen, mit Wein, mit Kunst und Architektur, auch mit Frauen, glaube ich. Und ich mag, wie er schreibt. Wie er auf das Leben und das Lieben guckt, wie er über Irrwege und neue Wege schreibt. Über Unglück, das manchmal auch Glück sein kann.

Es ist nicht mehr dazu gekommen, meine Mutter nach dem Was-wäre-wenn zu fragen. Sie starb, als sie nicht mal 65 Jahre alt war. Und manche Bücher, in denen Mütter die Hauptrolle spielen, lösen bei mir bis heute eine leichte Melancholie aus. Oder vielleicht besser eine leise Sehnsucht nach der Nähe (m)einer Mutter. Zum Beispiel mal wieder mit ihr telefonieren zu können. Auch wenn ich mich im selben Moment daran erinnere, wie anstrengend das auch sein konnte. In dem Roman »Eine Frau am Telefon« der französischen Autorin Carole Fives findet die Handlung ausschließlich am Telefon statt.

Charlène, Anfang 60, freut sich des Lebens, meistens jedenfalls. Sie trinkt, raucht, hin und wieder auch mal einen Joint. Ist verwitwet, hat zwei erwachsene Kinder, Sohn und Tochter.

Die Tochter muss die Mutter nicht anrufen. Die Mutter ruft sie an. Mindestens dreimal am Tag. Erzählt in wahlloser Reihenfolge von Fernsehserien, dem Hund, dem Tumor, den man bei ihr entdeckt hat, den Männern, die sie über Dating-Agenturen kennenlernt. Auch von der Leere und der Einsamkeit, die sie erlebt. Von der Lebenslust, die sie spürt.

Eine Mutter, die das ganze Mutter-Tochter-Programm beherrscht: emotionale Erpressung, Beschimpfungen, Vorwürfe, überraschende Liebeserklärungen, Schmeicheleien und so weiter. Das Telefon, heißt es im Klappentext, wird zur letzten Nabelschnur.

Ein Buch, mit dem man vergnügt emotional Achterbahn fährt. Sich schlapp lacht über diese Mutter. Und sie ein paar Momente später am liebsten ordentlich zusammenstauchen möchte, weil sie nicht zuhört, beleidigt ist, rumjammert, fein verpackte Vorwürfe hinterhältig ins Gespräch schiebt. Am liebsten möchte man antworten, manchmal auch gern laut. Geht aber nicht. Es kommt in diesem überaus komischen Roman nur die Mutter zu Wort.

Und ob man es will oder nicht, als Leser wird man zur Tochter (wahlweise auch zum Sohn), erinnert sich an Telefonate, die man mit der eigenen Mutter geführt hat. Die einen genervt, gefreut, gerührt haben.

Das Missverständnis ist die Regel, der kluge Satz trifft auf viele Beziehungen zu. Auf die zwischen Müttern und Töchtern, glaube ich, besonders. Nein, keiner muss sich beim Lesen fürchten, dass an alte Narben gerührt wird, dass man sich mit der eigenen Kindheit schmerzlich auseinandersetzen muss. Tut man, aber fröhlich, mit einem leichten Grinsen im Gesicht. Man sollte Textstellen aus diesem Buch unbedingt seiner Mutter vorlesen. Solange es noch geht.

Dass sich meine Mutter sehnte nach einem Glück, von dem sie vielleicht gar nicht wusste, wie es aussehen könnte, da bin ich mir sicher.

Ich erinnere mich an Tränen, die sie in der Küche am Sonntagmorgen weinte, während sie Rouladen wickelte und im Radio Wunschkonzerte mit klassischer Musik liefen. Jene Opernarien, die sie als junge Frau im Erfurter Theater gehört hatte. Oder Klassiker wie das Intermezzo aus »Cavalleria Rusticana« von Pietro Mascagni.

Zu diesem Zeitpunkt war schon klar, dass auch die dritte Ehe nicht die beste Idee gewesen war.

Irgendwann stand im Glasschrank neben den Cognacschwenkern und dem Zauberberg auch »Das neue Opernbuch« von Günter Hausswald.

Mit einer Widmung:

»›Ostseebad Ahrenshoop‹ – ›Bunte Stube‹, 28. Juli 1957.« In den 50er-Jahren sind meine Mutter und ich in den Sommerferien in die DDR zurückgekehrt, um meinen Großvater zu besuchen, der in Erfurt eine Pferdemetzgerei hatte. Ich erinnere mich, dass wir in jener Zeit auch einmal ein paar Ferientage an der Ostsee verbracht haben, in Ahrenshoop. Und dort am Strandkorb den jungen Regisseur aus dem Erfurter Theater getroffen haben.

Die »Bunte Stube« in Ahrenshoop ist mehr als hundert Jahre alt, hat die Weimarer Republik, den Nationalsozialismus und die DDR überlebt. Ist mittlerweile ein Gemischtwarenladen im besten Sinne. Kunsthandwerk, Mode, Honig, Bilder, Grafiken und Bücher natürlich. Ich schätze mal, dass sie dort auch Opernführer verkaufen. Und Ratgeber sicher auch.

Ich habe mir sehr früh, glaube ich, selbst den guten Ratschlag gegeben, ein Leben ohne Kinder zu versuchen. Ich war ungefragt eine Ersatzmutter geworden, habe all die großen und kleinen Sorgen meiner jüngeren Schwestern erlebt, geteilt, miterlitten. Schulprobleme, den ersten Liebeskummer, die erste Zurückweisung, die Unsicherheit, wo es im Leben langgehen sollte.

Es war wie ein langer Probelauf für den Entschluss, es nicht mit eigenen Kindern zu wagen. Bis heute kann ich schwer zwischen Mitfühlen und Mitleiden unterscheiden. Dass sich dieses Gefühl der Hilflosigkeit bei eigenen Kindern noch verstärken würde, habe ich sehr früh verstanden.

Ich habe zudem dreimal aus nächster Nähe miterlebt, wie das, was ich für eine Familie hielt, auseinanderflog. Erinnere mich noch immer widerstrebend an jene lautstarken oder still verbitterten Auseinandersetzungen, bevor es endlich so weit war. Das wollte ich keinem Kind, jedenfalls nicht meinem Kind, zumuten.

Ich hatte nie den Gedanken und nie das Verlangen, eine alleinerziehende Mutter zu werden.

Vater, Mutter, Kind, das war für mich die einzig erstrebenswerte Familienkombination.

Sehr lange gab es in meinem Leben nicht den einen Mann, mit dem ich mir hätte vorstellen können zusammenzubleiben, bis dass der Tod uns scheidet. Ein Kind aber ohne seinen Vater großzuziehen, war keine Option.

Als doch noch der Mann für den verbleibenden großen Rest des Lebens kam, war ich zu alt, um eine Familie zu gründen.

Die Vorstellung, mit ihm gemeinsame Kinder zu haben, ist bis heute eine Fantasie, an der wir fröhlich rumspinnen. Wie wäre es gelaufen mit einem stets gut gelaunten, aber auch eisern konsequenten Vater und einer komplett inkonsequenten, alles erlaubenden Mutter, die schnell in schlechte Laune und beleidigtes Schweigen abdriften kann?

Wie hätten unsere Kinder ausgesehen?

Wie die beiden beachtlichen Nasen kombiniert in einer?

Rehbraun oder wasserblau, die Augen?

Schöne Spekulationen, über die wir gut lachen können. Kein einziges Mal habe ich meiner verpassten Kinderchance hinterhergeweint.

Einen Ratgeber über das Für und Wider zu schreiben, wäre mir nie in den Sinn gekommen.

Ich tue mich allerdings bis heute schwer mit Büchern, in denen Kinder durch unruhige Zeiten gehen und noch viele Jahre später an der Bürde einer verunglückten Kindheit tragen.

Schwer, weil sie mich so nah ans eigene Leben führen.

Neulich habe ich in genau einem solchen Buch etwas für mich Wahres gelesen.

»Der Papierpalast« von Miranda Cowley Heller erzählt die Geschichte einer Frau, die in reichlich schwierigen Familienverhältnissen groß wird.

Der Großvater der Autorin war vom Fach, Lektor in einem großen amerikanischen Verlag. Das Einzige, was du wissen musst, hat er ihr gesagt, bevor sie anfing zu schreiben: Eine gute Geschichte hat einen Anfang, eine Mitte und ein Ende, und das Ende muss am Anfang schon durchschimmern.

Das Ende ist in der Tat mitreißend, aber »Der Papierpalast« hat auch schon einen richtig guten Anfang.

Schauplatz ist ein Sommerhaus auf Cap Cod an der amerikanischen Ostküste. In einer lauen Nacht, an die Holzwand ihres Ferienhauses gedrückt, hat Elle heftigen Sex mit ihrem Jugendfreund Jonas. Das wäre nicht weiter spektakulär, würden nicht ein paar Meter weiter im Haus bei offenen Fenstern Elles Ehemann, ihre Kinder und ein paar Freunde fröhlich trinkend und komplett ahnungslos sitzen.

Elle ist 50 Jahre alt, ist zufrieden verheiratet, alles okay. So fühlte es sich an, bis ihr Jugendfreund Jonas mit seiner Familie auf der Halbinsel Urlaub macht. Mit dem Sex an der Hauswand setzt sich eine Geschichte fort, die vor vielen Jahren begann. Jonas war damals Elles Freund, sie waren ineinander verliebt; nur miteinander zu schlafen, das haben sie sich verboten. Das Warum wird eine wichtige Rolle in diesem Roman spielen, der sehr geschickt zwischen Vergangenheit und Gegenwart wechselt.

Für Elle und ihre Schwester ist die Vergangenheit geprägt von chaotischen Familienverhältnissen. Ihre Mutter Wallace heiratet dreimal, die Stiefväter bringen eigene Kinder mit, das Patchworkmodell geht dramatisch schief.

Die Mutter sieht Scheidungen dagegen eher locker.

Wir haben uns scheiden lassen und neu geheiratet, erzählt sie. Einfach und erfrischend, so als würde man sich eine neue Garderobe zulegen.

Elle heiratet nur ein Mal. Peter, einen Bilderbuchmann, liebevoll, attraktiv, toller Vater und auch noch wohlhabend. Es könnte alles perfekt sein, wäre da nicht Jonas. Jetzt lebt Elle zwei Leben. Das eine, das sie schon hat. Und das andere, nach dem sie sich sehnt.

»Der Papierpalast« ist das erste Buch der Autorin, sie war schon Mitte 50, als sie es schrieb. Vorher, sagt sie, ging es nicht, es brauchte erst mal viel Lebenserfahrung. Die hat sie wohl, denn es gelingt ihr perfekt, jene Zweifel und auch jene Sehnsucht zu beschreiben, die man in sich spürt, wenn man schon ein großes Stück seines Lebens gelebt hat, aber nicht mehr weiß, ob man auf dem richtigen Weg ist. Braucht es Mut, um etwas zu ändern? Oder Mut, um alles so zu lassen, wie es ist? Wird man bereuen, was man tut? Oder bereuen, was man nicht getan hat?

Den Tipp des Großvaters hat die Enkelin perfekt umgesetzt. Diese unglaublich gute Geschichte hat ein spektakuläres Ende. Weil tatsächlich schon am Anfang durchschimmert, wie es ausgehen wird. Man sich aber 441 Seiten lang nicht sicher sein kann.

Den »Papierpalast« habe ich mit stiller Begeisterung gelesen. Diese Leselust sieht man meinen Büchern auch an. Sie sind, um es vorsichtig zu formulieren, leicht ramponiert. Ein Albtraum für jeden Buchliebhaber. Dicke Eselsohren markieren jene Seiten, die ich später beim Durchblättern wiederfinden und noch mal lesen möchte. »Der Papierpalast« hat ein XXL-Eselsohr irgendwo in der Mitte des Romans. Es ist jene Stelle, in der die Tochter der Mutter Egoismus vorwirft. Und sie fragt, ob sie eigentlich bei neuen Männern und neuen Scheidungen jemals daran gedacht habe, was das für das Leben ihrer Kinder bedeuten könnte.

Die Mutter ist sich keiner Schuld bewusst.

Schau dir doch an, sagt sie zu ihrer erwachsenen Tochter, was aus dir geworden ist. Und wer weiß, was gewesen wäre, wenn dein Vater und ich verheiratet geblieben wären. Vielleicht wärst du jetzt eine Durchschnittsfrau. Oder Hotelmanagerin. Scheidungen tun Kindern gut. Unglückliche Menschen sind immer interessanter als glückliche.

Nichts ist so schlecht, dass es nicht schon wieder was Gutes hat. Stimmt er, der Spruch?

Es ist ganz sicher nicht sonderlich lustig, das Kind geschiedener Eltern zu sein. Ich erinnere mich an einen Tag in der Grundschule, ich war vielleicht sieben oder acht, an dem Linsensuppe aus meinem Schulranzen tropfte. Die Vereinbarung, als meine Eltern sich scheiden ließen, war simpel. Tagsüber war ich bei meinem Vater, der schon pensioniert war, abends lief ich zur Wohnung meiner Mutter, die nur ein paar Straßen entfernt lebte. Hin und wieder packte mir meine Mutter, inzwischen anderweitig verheiratet, das, was vom Essen am Vorabend übrig geblieben war, in ein Blechgeschirr. Das Mittagessen für meinen Vater und für mich. An diesem einen Tag hatte sich das Gummiband, das die zwei Henkelmänner zusammenhalten sollte, gelöst, die Linsensuppe hatte freie Bahn in meinem Schulranzen. Ich erinnere mich, obwohl es weit mehr als sechzig Jahre zurückliegt, wie behutsam und klug meine Lehrerin Frau Fesenbecker den anderen Kindern erklärt hat, was eine Scheidung ist. Das hat sie wohl so gut gemacht, dass ich hinterher sicher war, es sei vielleicht doch nicht so schlimm, wenn Mutter und Vater nicht mehr zusammenlebten.

Scheidungskinder können manchmal auch ziemlich unglücklich sein, aber ich habe später verstanden, dass es auch ein Glück sein kann, nicht allzu sorglos aufzuwachsen. Mitzukriegen, dass das Leben schon ganz schön rumpelig ist, auch wenn es gerade erst angefangen hat.

Eine Erkenntnis, die mich stark gemacht hat.

Zauberberg (III): Settembrini

Settembrini, der italienische Philosoph und Intellektuelle, mit dem ich jetzt schon eine Weile in Begleitung Hans Castorps den Zauberberg hoch- und runterwandere, hat sich gemeldet. In meinem richtigen Leben, bei Rewe, in meinem Supermarkt. Settembrini heißen die luftigen Teilchen aus Mürbeteig, die in der Keksabteilung liegen. Sie sind zuckersüß und in ihrer Mitte thront eine klebrige Marmeladenmasse. Es nährt bei mir die Hoffnung, das könnte jetzt ein Zeichen sein, ein gutes. Dass es nicht so zähflüssig weitergehen wird, sondern die Lektüre eine Leichtigkeit erreicht wie ein lockeres Plunderstück, ein Settembrini eben. Ich lese weiter.

Noch 416 Seiten to go.

5

Man sollte nur Bücher lesen, die sich gut auf dem Nachttisch machen, falls man unerwartet stirbt.

Julian Barnes

Vielleicht sollte ich den Zauberberg tatsächlich bis ans Ende meiner Tage auf meinem Nachttisch platzieren. Würde sich doch gut machen, sollte mich plötzlich der Schlag treffen.

Ah die Westermann, würde man raunen, unermüdlich, die Gute, liest auf ihre alten Tage noch einmal den Zauberberg.

Noch einmal?

Ich fange jetzt damit an, mit 73 Jahren. Damit wäre der Zauberberg der perfekte Nachweis, dass ich eben doch eine unterschätzte Intellektuelle war. Spät-Intellektuelle. Ein verwegener Gedanke, der mich unerwartet in meine Jugend katapultiert, als ich solch kleine Hochstapeleien noch nicht für unangemessen, sondern für richtig toll hielt.

Ich habe damals den »Twen« gelesen, illustrer Begleiter meines Erwachsenwerdens. Die Fotos und das Layout waren spektakulär. Willy Fleckhaus zeichnete als Designer und Journalist für dieses außergewöhnliche Magazin verantwortlich. Seine Kreativität erkannte auch der Verleger Siegfried Unseld. Die Taschenbücher der »edition suhrkamp« in ihren 48 Regenbogenfarben sind nur eines der vielen Zeugnisse dieser Zusammenarbeit. Zeitlos schön.

Die Texte waren mir manchmal ein bisschen zu abgehoben, insgeheim sogar langweilig. Für alle Fälle lag deshalb zu Hause auch noch die »Constanze« auf dem Nachttisch, Vorgängerin der »Brigitte«, die heute schon lange aus den Wechseljahren raus ist, schätze ich. Mit dem »Twen« versuchte ich damals möglichst geschmeidig ins Erwachsenenleben einzusteigen.

Ich war 14 und sah auch so aus.

Später, als ich im Abijahr hin und wieder Mathe schwänzte, weil da ohnehin Hopfen und Malz verloren schien, tauschte ich den »Twen« gegen »Paris Match«. Setzte mich weit weg von der Schule in ein Café, in dem ältere Damen ihren Kaffee aus kleinen Silberkännchen tranken. Ich saß da in der vagen Hoffnung, als Französin durchzugehen, vorausgesetzt, ich würde es schaffen, zügig und ohne erkennbares Stutzen oder Innehalten durch die Seiten zu blättern.

Es lesen zu nennen, könnte in der Tat übertrieben gewesen sein. Es war mehr wie Bilderbuch gucken. Die Bilder in »Paris Match« waren allerdings wirklich Weltklasse. Besser: Sie zeigten, wie die Welt sein sollte, in der ich mich später mal bewegen wollte. Offen, großzügig, optimistisch und ein bisschen riskant, ein bisschen drüber. Wo sich irgendwann alles, was ich an Kraft und an Können noch sehr vage in mir spürte, vielleicht einmal Bahn brechen könnte.

Anders als die anderen sein, das zu zeigen, war wichtig. Mit einer »Paris Match« in einem deutschen Café am Vormittag zu sitzen und so zu tun, als sei man eine Französin von Welt. Hätte nur noch gefehlt, den Kakao und das Butterbrötchen auf Französisch zu bestellen, aber das war selbst mir zu peinlich. Wie mir überhaupt dieser ganze Auftritt peinlich war, sobald ich das Schulschwänzer-Café verlassen hatte.

Aber gehört das nicht auch zum Erwachsenwerden, auszuprobieren, wer man sein könnte? Und wenn man dann endlich erwachsen ist, hört es einfach auf?

Der Autor Maxim Leo hat ein hinreißendes Buch über einen Hochstapler wider Willen geschrieben: »Der Held vom Bahnhof Friedrichstraße«.

Bei einem Interview zu diesem Roman hat er mir eine kleine Geschichte aus seinem Leben erzählt.

Sie ist ganz anders als meine »Twen«-Angeberei und ihr doch sehr ähnlich.

Maxim Leo ist in Ostberlin geboren und aufgewachsen. Als die Mauer fiel, war er 19.

Also halbwegs erwachsen.

In den Teeniejahren davor lief er mit der von der West-Tante geschenkten Jeans durch Ostberlin, eine alte FAZ unterm Arm und einen aufgeklappten Falk-Stadtplan in der Hand.

Jeans, FAZ, Falkplan wiesen ihn eindeutig als einen aus, der von drüben kam. Aus dem Westen. Auf Tagesbesuch im Osten.

Er brauchte sich dann nur noch ein wenig orientierungslos und verloren umgucken, und schon würde eine schöne junge Ostfrau ihm den Weg weisen, wohin auch immer.

Das hatte er sich zumindest so ausgedacht.

Hat nicht richtig funktioniert. Aber einer, der so schöne Fantasien fürs eigene Leben hat, kann sich natürlich auch perfekt Geschichten für Romanfiguren ausdenken. Und einen ehemaligen DDR-Stellwerksmeister zu einem Helden werden lassen.

Maxim Leos Frau sagt, man könne getrost zwanzig Prozent abziehen, wenn er einem etwas erzähle. Weil er so ein fabelhafter Übertreiber sei.

Wenn einer dazu auch noch ein ausgezeichneter Journalist und Bestsellerautor ist, wird ein neues Buch von ihm zu einem echten Glücksfall.

Als kleiner Junge stand er manchmal am Ostberliner Bahnhof Friedrichstraße und sehnte sich den S-Bahnen hinterher, mit denen man damals von Ost nach West fahren konnte. Wenn man Westler war. Irgendwann fiel dann endlich die Mauer – und er konnte reisen. An den 9. November 1989 erinnert man sich nur noch in Festreden. Doch je länger der Tag her war, desto weniger hatten sie mit dem Land zu tun, in dem er aufgewachsen war. Auch deshalb hat er diesen Roman geschrieben, in dem man spürt, wie schief, wie schwarzweiß das DDR-Bild im Westen noch immer ist.

Im Mittelpunkt steht Michael Hartung, ein erfolgloser Videothekenbesitzer Ende 50. Zu DDR-Zeiten war er Herr der Weichen, Stellwerksmeister am Bahnhof Friedrichstraße. Hartung bekommt kurz vor dem 30. Jahrestag des Mauerfalls Besuch von einem Journalisten. Der hat in alten Stasiakten Belege über eine spektakuläre Massenflucht gefunden, bei der 127 Menschen in einem S-Bahn-Zug vom Bahnhof Friedrichstraße in den Westen gelangten. Ein verliebter S-Bahn-Mann hatte absichtlich eine Weiche falsch gestellt, um seiner Freundin den Weg in die Freiheit zu ermöglichen. Michael Hartung dementiert zunächst. Er war nicht verliebt, sondern nur betrunken, als er damals an der Weiche rumgefummelt hatte. Ist aber nach Zahlung eines angemessenen Honorars bereit, die Geschichte mehr oder weniger zu bestätigen. Wenig später rennen ihm die Medien die Videobude ein, der Held vom Bahnhof Friedrichstraße wandert von Talkshow zu Talkshow, hält sich dort an die grundsätzliche Interviewregel, auf Fragen des Moderators nicht zu antworten, stattdessen einfach das zu sagen, was man will.

Er soll, so will es der Bundespräsident, vor dem Bundestag zum Jahrestag des Mauerfalls reden und eine Liebesgeschichte gibt es auch noch.

Das ist so absurd, so komisch, so gut gebaut und erzählt, dass man aus dem Lachen nicht mehr rauskommt. Auch nicht aus dem Fremdschämen, weil man sich immer wieder bei klassischen Westlervorurteilen erwischt.

Die Westweiche gab es tatsächlich, Maxim Leo hat aufwendig Streckenpläne studiert, einen ehemaligen Stasimann nach einer möglichen Massenflucht befragt, der den Plot mit den Worten abnickte: Für Ihre Zwecke reicht es.

Ich habe übrigens erst mal vergeblich bei Google geforscht, bis ich begriffen hatte, dass sich der Autor das alles nur ausgedacht hatte. Über die Filmrechte für den Roman wird natürlich bereits verhandelt. Das hat Maxim Leo so auch schon seiner Frau erzählt.

Die Neigung, der Welt da draußen eine Version vorzugaukeln, die gar nicht meine war oder die ich zumindest nicht gänzlich ausfüllte, hat mich lange nicht verlassen. Um ehrlich zu sein, das Wort »lange« könnte ich auch komplett streichen.

Neulich auf einer Zugfahrt von Hamburg nach Köln habe ich wieder den vermaledeiten Zauberberg mit mir rumgeschleppt, schließlich lesen sich die knapp fünfhundert Seiten, die mir noch fehlen, nicht von selbst.

Als kleine Belohnung für diese geistige Kraftanstrengung hätte ich mir, wenn schon nicht bewundernde, so doch zumindest anerkennende Blicke von meiner Umgebung gewünscht.

Abends um halb zehn im Zug nach Hause, wo andere auf dem Laptop Poker spielen oder Netflix gucken, liest diese Frau den Zauberberg. Alle Achtung, die hat bestimmt schwer was auf dem Kasten … oder so ähnlich.

Ich saß links am Fenster, folglich zeigte auch das Cover in diese Richtung. Unleserlich für müde Zugläufer, die rechts an meinem Sitz vorbei Richtung Bordbistro unterwegs waren. Da hätte ich mich in meinem Sitz schon schlangenmenschmäßig verbiegen müssen, damit man halbwegs was vom Titel hätte entziffern können. Den Roman einfach so offen und für alle sichtbar auf den Nebensitz zu legen, das war selbst mir viel zu platt. Dass ich überhaupt in die Versuchung kommen konnte, an die »Twen«-Angeberjahre anzuknüpfen, ist mir jetzt doch ein bisschen unangenehm.

Ich habe gerade mal nachgeschaut, auf meinem Nachttisch liegen die Gebrauchsanleitung für einen Blutdruckmesser, dazu ein Paar Ohrringe und zwei Buchumschläge. Ohne Bücher. Bin mir nicht sicher, ob damit posthum noch Staat zu machen ist.

In einer Literatursendung, die ich moderiere, gibt es eine Rubrik unter dem Titel »Auf meinem Nachttisch«. Prominente Menschen werden interviewt, erzählen von ihren neuen Projekten. Und empfehlen ein Buch, das gerade auf ihrem Nachttisch liegt. Was den Schluss zulässt, wenn der Mensch liest, tut er das im Bett. Tut er das? Ich lese auf dem Sofa, mit Kissen im Nacken. Auf dem Drehstuhl mit Füßen auf dem Schreibtisch, auf dem Balkon, vorausgesetzt, der Dreijährige der Nachbarn übt nicht unten im Garten Tore schießen und singt dabei »Heja, heja, heja BVB«.

Worüber ich lachen muss, weil seine Eltern Kölner sind und sich wundern, wie es passieren konnte, dass Levi mit drei jetzt für einen Verein aus Dortmund schwärmt und nicht für den 1. FC Köln.

Lesen mit Levi unten im Garten funktioniert nicht, weil ich automatisch zum Mithörer werde. Familienleben pur, manchmal besser, weil wahrhaftiger, als ein Roman es beschreiben kann.

Auf die Frage an die Prominenten, wie ihr Nachttisch eigentlich aussieht, kommen die unterschiedlichsten Antworten. Er ist von Ikea, aus dem Antiquariat, von meiner Oma, vom Sperrmüll, aus Griechenland, hab gar keinen, die Bücher liegen unterm Bett – noch nie hat einer gesagt, ich lese nicht, in meinem Schlafzimmer liegen keine Bücher, da liege nur ich. Auf die Frage, wie gut sie im Bett lesen können, kommt meist ein: gut. Häufig genanntes Problem: Die Promis schlafen dabei ein und müssen am nächsten Tag das Kapitel noch einmal lesen. Nachfrage: Wie gut das Lesen klappt, wenn jemand daneben liegt. Standardantwort: gut. Weil Mann/Frau auch gern im Bett liest. Ob das gemeinsame Lesen vom Status einer Beziehung abhängt – verliebt, verlobt, verheiratet –, habe ich noch nie gefragt.

Der Mann, der neben mir liegt und mit dem ich verheiratet bin, dreht mir mit freundlicher Gelassenheit den Rücken zu, wenn ich im Bett lese. Bevor mir das Buch gänzlich aus der Hand rutscht, weil ich einschlafe, mache ich Schluss. Aber es gibt hin und wieder ein Buch, bei dem ich einfach nicht aufhören will. Und dann raubt es mir eben den Schlaf, wie »City of Girls« von Elizabeth Gilbert.

Geht das? Liebe auf den ersten Blick? Bei einem Buch? Sich schon nach wenigen Seiten zu einer Geschichte hingezogen fühlen?

Ja, das geht.

Bei diesem Roman habe ich genau das erlebt.

Dabei war ich mehr als skeptisch, als ich den Klappentext las. Da heißt es: »Die 19-jährige Vivian stürzt sich kopfüber in das aufregende Leben Manhattans der 40er-Jahre. Musicals, Bars, Jazz und Gangster und um jede Ecke biegt eine neue Liebe.« So weit der Klappentext. Auf 500 Seiten New Yorker Nacht- und Gangsterleben hatte ich nicht besonders Lust.

Und dann überrascht der Roman mit einem ungewöhnlichen Anfang, denn er beginnt am Ende eines Lebens. Vivian ist neunzig, als sie sich entschließt, von ihrem Leben und einem besonderen Mann zu erzählen. Damit man begreifen kann, was dieser Mann für sie war, muss man verstehen, welche Männer vorher in ihrem Leben waren. Viele. So viele, dass Namen irgendwann auch keine Rolle mehr spielen.

Die Geschichte spielt im Sommer 1940. Vivian ist

19 Jahre alt, fliegt wegen Faulheit vom College und wird zu ihrer Tante Peg nach New York geschickt. Was sich als Himmel auf Erden herausstellen wird. Keine Verpflichtungen, keine Ermahnungen, stattdessen ein Leben wie im Rausch. »Wie einen Champagnercocktail«, sagt die Autorin Elizabeth Gilbert, wollte sie dieses Leben beschreiben, »hell, prickelnd und vergnüglich.« Das ist ihr perfekt gelungen.

Vivian ist schön, kein scheues Landei und lernt schnell sehr viel übers Leben. Von den Revuegirls, die im heruntergekommenen Theater der Tante die Beine fliegen lassen. Vivian ist faul, aber eine exzellente und leidenschaftliche Schneiderin.

Das Nähen hat sie von ihrer Großmutter gelernt, wenige Tage nach ihrer Ankunft in New York näht sie schon die ersten Glitzerkostüme für die Vorstellungen. »Die Welt folgt keinem Plan«, heißt es an einer Stelle des Romans. Menschen passieren Dinge, die sie nicht kontrollieren können. Genau das passiert auch der jungen Vivian. Nach dem Höhenflug kommt der große Absturz. Warum und wie, das werde ich nicht preisgeben, das muss man selbst lesen.

»City of Girls« stand monatelang auf der Bestsellerliste der New York Times und ich will mich gerne in die Reihe der begeisterten Rezensenten einreihen: eine Sensation, eine Hymne auf die Freuden des Lebens.

Wie Elizabeth Gilbert erzählt, ist im Wortsinn großes Kino. Wenn sie schreibt, entstehen sofort Bilder, man hört, sieht, staunt. Und lacht.

Die Autorin hat einen unglaublich trockenen Humor. Kann gleichzeitig dicht und voll stiller Hingabe Schmerz, Leid, Scham, Verzweiflung beschreiben. Ohne ein einziges Mal rührselig zu werden. Irgendetwas Federleichtes schwingt immer mit im Leben dieser Vivian, allen Tragödien und Dramen zum Trotz.

»City of Girls« ist ein Roman über die Anziehung zwischen Männern und Frauen, über die Lust und das Laster, das Wünschen und das Wollen.

Über die Freundschaft zwischen Frauen und die Liebe zu sich selbst. Über ein junges Mädchen, das zu einer starken Frau wird.

Ohne dass man es beim Lesen bewusst wahrnehmen würde, hat das Buch zwei Teile. Einen vor Lebenslust fast überbordenden, mit leichter Hand geschriebenen erotischen Teil und einen, der langsam Glitzer und Glamour vergessen lässt, gerade aber dadurch noch ein wenig glanzvoller daherkommt.

Das Buch habe ich an zwei Abenden, die Nächte miteingeschlossen, gelesen. Nein, ich will hier nicht damit angeben, welch unermüdlicher Leser ich bin.

Dass ich so viel auf einmal lesen und nicht aufhören wollte, das ist vielleicht die beste Empfehlung für dieses Buch.

6

Jeder denkt, ich sei verrückt nach Sex,
dabei lese ich lieber ein Buch.

Madonna

Zu denken, ich sei verrückt nach Büchern, wäre eine ziemliche Übertreibung. Ich lese sehr gern, ich lese viel, aber einen Tag ohne Buch kann ich gut aushalten. Ob ich all die Romane, die ich empfehle, auch wirklich immer bis zum Ende lese, werde ich oft gefragt. Eine Frage, die mich leicht verwirrt. Nur kurz die ersten zehn Seiten lesen, dann in der Mitte noch mal durchgeblättert, damit ich nichts Wichtiges verpasse und die letzten paar Seiten natürlich, damit ich den Buchtipp zu einem guten Ende bringen kann? Was für eine Mogelpackung wäre das denn?

Ja! Jedes Buch, das ich empfehle, lese ich von der ersten bis zur letzten Seite. Letzte Seite? Die lese ich wirklich ganz zum Schluss. Manchmal, wenn ich ein Buch empfehle, von dem ich hin und weg bin, kann es mit mir auch ein bisschen durchgehen. Kann man bei Buchtipps im Radio ganz gut merken, weil ich in der

Sendung die Wörter »toll« oder »großartig« inflationär benutze. Heißt: in jedem zweiten Satz. Aber wenn mich eine Idee, eine Geschichte, ihre Wendungen, ihr Ende wirklich einnehmen, muss ich mit meiner Begeisterung eben irgendwohin.

Und spreche großspurig Verbote aus. Auf keinen Fall dürfe man, falls man es vor Ungeduld nicht weiter aushalten wolle, mal eben die letzte Seite aufschlagen, um zu sehen, wie es ausgeht. Was, wie ich vermute, beim Hörer das Gegenteil auslöst. Jetzt erst recht.

Es sind nicht mal Kriminalromane, die ich meine. Da kenne ich mich eher weniger aus, bin sehr zurückhaltend. Was zum einen daran liegt, dass ich mir schon beim »Tatort«-Gucken ein Kissen vor die Augen drücke, sobald die Musik auch nur anfängt, ein bisschen düsterer zu werden. Und zum anderen, dass ich mich schwarzärgere, wenn über dreihundert Seiten eine unglaubliche Spannung aufgebaut wird, man den Autor währenddessen schon dafür bewundert, wie er den Knoten lösen und das ganze Durcheinander zu einem logischen Ende bringen wird. Der Mörder dann aber leider auf den letzten Buchmetern wie Kai aus der Kiste überraschend auftaucht. Es also am Ende eine derart hanebüchene Auflösung für Mord und Totschlag gibt, dass ich mir augenblicklich Krimiabstinenz für zwei Jahre verordne.

Es gibt eine Ausnahme. Wenn Kriminalroman draufsteht, aber nicht wirklich einer drin ist. Friedrich Ani schreibt solche Romane.

»Der Ani ist Pflichtlektüre, da gibt es nichts zu rezensieren«, hat mal ein Kritiker über seine Bücher geschrieben.

Er erzählt langsam, bedächtig. Seine Geschichten kommen aus dem richtigen Leben. Wie die von der untergehenden Sonne. Frei erfunden und doch könnte sie durchaus wahr sein. Sie könnte jetzt, heute, irgendwo in Deutschland passieren. Jedes Jahr verschwinden 1800 Kinder und Jugendliche. Tauchen nicht mehr auf, werden nie gefunden. Was ist mit ihnen passiert? Friedrich Ani versucht, es sich vorzustellen.

Eine Insel, ein Haus, ein Keller. Kein Tageslicht.

Fünf Kinder, die dort festgehalten werden. Und täglich wird eines von ihnen nach oben geholt. Sie sprechen nicht darüber, was dort oben geschieht. Wer spricht, das hat man ihnen gesagt, stirbt.

Mit keinem Satz, keinem Wort erwähnt oder beschreibt der Schriftsteller, was passiert, wenn die Kindern nach oben geholt werden. Und doch lauert hinter jeder Zeile das Grauen. Ani selbst hat in einem Interview erzählt, dass er manchmal nicht weiterschreiben konnte, weil er Angst hatte, was er dann zu Papier bringen könnte. Er war selbst in größter Sorge und Angst um seine Romanfiguren. Dass man dieses Buch dennoch lesen will, ist Anis grandioser Schreibkunst zu verdanken. Er wagt einen sprachlichen Balanceakt zwischen erbarmungslos und einfühlsam. Und er gelingt. Es entsteht eine Tragödie, ein Thriller, eine Liebesgeschichte. Zusammengehalten von einer Kraft, wie sie in Romanen selten ist.

Die Geschichte hat ein Ende. Ein erleichternd gutes Ende. Es wäre aber nicht Friedrich Ani, würde er einem diese Erleichterung auf den letzten Seiten nicht doch noch schwer machen.

Es gibt eine Menge Menschen, die bevorzugen die literarische Kurzstrecke. Die haben keine Lust, sich Namen, Orte, Zusammenhänge zu merken. Sie wollen es kurz und knapp. Geht mir manchmal auch so. Nicht oft, aber immer mal wieder.

Mit Büchern kann man sich überall hinbewegen. Ferien machen, ohne das Haus zu verlassen. Es gibt ein feines kleines Buch, dem das hervorragend gelingt. Sehnsuchtsort in diesem Fall: das Meer. Der schlichte Titel: »Das Meerbuch«. Und was draufsteht, ist auch drin.

22 Autoren erzählen ihre Geschichten. Aus ganz unterschiedlichen Perspektiven.

Am Meer, im Meer, auf dem Meer oder auch, wie man ihm näher kommt, dem Meer. Axel Hacke zum Beispiel erzählt von einer Urlaubsreise nach Sardinien, mit drei kleinen Kindern im Auto.

Fahr unbedingt nachts, raten ihm die Freunde, die schon Übung haben. Nachts schlafen die Kinder, eine herrlich ruhige Autofahrt, Ankunft bei Sonnenaufgang im Ferienort. Aber nachts, schreibt Hacke, schlafe ich selbst. Also fährt er frühmorgens von München los und noch bevor er überhaupt die Stadtautobahn erreicht hat, fragt der Kleinste schon: Wann sind wir da? Und weil er auch nach mehrmaligem Nachfragen keine befriedigende Antwort bekommt, versucht er kurz vor Innsbruck aus dem hinteren Autofenster zu klettern.

»Das Meerbuch« verbindet die Geschichten zeitgenössischer Autoren wie Axel Hacke und Judith Schalansky mit mittelalten wie Ingeborg Bachmann und Thomas Mann. Dazu ziemlich alten wie Goethe oder Cervantes und uralten wie Platon oder Homer. Die Mischung macht's.

Axel Hackes Geschichte einer Nachtfahrt mit kleinen Kindern Richtung Sardinien. Thomas Manns Spaziergang am Lido von Venedig. Judith Schalanskys Suche nach abgelegenen Inseln. Homers Erzählungen von den Irrfahrten eines Königs.

Mehr Meer als in der Odyssee geht ja wohl kaum.

Noch mal kurz zurück zu Madonna. Wenn sie sagt, man glaube, sie sei total verrückt auf Sex, würde aber in Wahrheit lieber ein Buch lesen, könnte man ihr ein sehr fröhliches Büchlein empfehlen. Da hätte sie beides. Ein bisschen Sex und ein bisschen Literatur in einem wohldosierten erotischen Brevier.

»Früher war mehr ... Hinterhältige erotische Geschichten«. Lektüre für den kleinen Hunger zwischendurch.

18 prominente internationale Schriftsteller haben diese Geschichten nicht extra für dieses Buch geschrie-

ben, es sind Auszüge aus ihren Romanen. Dabei bekommt man als Leser rasch ein gutes Gespür dafür, ob man es in Zukunft auch mal mit einem ganzen Roman des Autors versuchen möchte, wenn seine Art zu schreiben gefällt. In den »Hinterhältigen Geschichten« geht es mehr oder weniger offen nur um das eine. Das wahrhaft Hinterhältige an Sex aber ist – nach Meinung des Diogenes Verlags – das deutsche Wort dafür: Geschlechtsverkehr.

Und die Tatsache, dass dieser völlig überbewertet wird. Damit wird im Laufe der Lektüre aufgeräumt. Wie peinlich, lächerlich, verlogen, komisch oder einfach schlicht die ganze Nummer auch sein kann, wird fröhlich Seite für Seite erzählt. Partnertausch, das erste Mal käufliche Liebe, Sextoys, Samenklau und was das Leben im Bett sonst noch so alles bereithält, keiner kommt zu kurz. Apropos kurz: Einen Quickie gibt es auch: Gerade mal sieben Zeilen hat die Geschichte über einen Spanner, ein Beitrag von F. K. Waechter. Den längsten Beitrag hat mit 38 Seiten John Updike zu bieten.

Ein Buch mit allem, was man schon immer über Sex wissen wollte ... und um bei Woody Allen zu bleiben: »Ich weiß die Frage nicht, aber Sex ist bestimmt die Antwort.«

7

Was man braucht, ist ein Telefonbuch,
damit die Namen stimmen.

Georges Simenon

Frieder, Berthold, Hans-Peter, Christoph, Dorothea, Wolfgang, 2 x Ulrich, Christine. Und ein paar andere Jungen, deren Namen ich nicht mehr weiß, weil sich ihre Gesichter verändert haben, ich sie nicht wiedererkenne. Klassentreffen zum 55. Jahrestag des Abiturs.

55 Jahre. Wir hatten das Leben noch vor uns, als wir damals ins Gymnasium kamen. Jetzt gucke ich in alte Gesichter und die alten Gesichter gucken sich meines an. Ich würde mich gern erinnern, aber mein Hirn ist nicht mehr taufrisch, braucht eine Weile, bis aus den Bruchstücken alter Erinnerungen ein Bild entsteht.

Mit über 70 Jahren sind wir jetzt alle auf der Zielgeraden des Lebens und bilanzieren, was aus uns geworden ist. Ich habe das Gefühl von Zeitmaschine, ich rutsche unmerklich und fast körperlich in eine Christine hinein, die noch keine Ahnung hatte, dass man nicht unbedingt ein Alleskönner in Mathe, Latein,

Deutsch sein muss, um später im Leben zu bestehen. Dass sich Vorlieben, Begabungen und Abneigungen erst allmählich herausschälen würden.

Aber jetzt kommt mir urplötzlich für einen kurzen Moment überdeutlich die Schmach in den Sinn, die ich beim mündlichen Abfragen im Geschichtsunterricht erlitten hatte. Zweiter Weltkrieg, an der französischen Kanalküste werden 1940 britische Soldaten und Teile der französischen Armee von den Deutschen eingekesselt, es entbrennt die Schlacht von Dünkirchen. Und eben nicht Dünkersbach. Dünkersbach. Interessante sprachliche Westermann-Variante, die mir allerdings höhnisches Gelächter der Besserwisser vor und hinter mir einbrachte. Und eine Sechs im Notenheft des Geschichtslehrers.

Zurückkatapultiert in die Gegenwart des Klassentreffens, fragt ein Ehemaliger, wie man das denn mache, ein Buch zu schreiben. Ich bin kurz sprachlos, so schnell kann ich jetzt nicht in die Gegenwart wechseln. Weil mich noch immer das Zeitmaschinengefühl beherrscht, ich noch 13 bin. Weiß ja keiner, denke ich und will erzählen, wie das gehen könnte, ein Buch zu schreiben. Werfe ganz beiläufig ein, dass es ja nicht das erste Buch sei, das ich schreibe, ich also schon wisse, was ich tue. Fühlt sich peinlich nach Angeberin an, während ich es sage. Ich eiere also verbal weiter herum, erzähle davon, wie das ist, mit einem Verlag und einer Lektorin, die das Buch begleitet, und es kommen Nachfragen zur Lektorin und zum Verlag, und ich hole sehr weit aus. Zu weit für einen der Anwesenden offensichtlich, denn sein Kopf kippt ganz sanft vornüber, ich habe ihn mit meiner schönen Stimme in ein Nickerchen gequatscht.

Jetzt hätte es ein retardierendes Moment gebraucht. Ein Ereignis, das in meiner sich anbahnenden kleinen persönlichen Tragödie zumindest die Hoffnung genährt hätte, dass die Heldin wider Erwarten doch noch zu retten sei. Retardierendes Moment ist das Gegenteil von Dünkersbach. Das retardierende Moment hat mir im Deutschunterricht erst mal das Gelächter der Klasse eingebracht, weil sie den Begriff nicht kannte und mutmaßte, ich läge voll daneben. Ich habe keinerlei Erinnerung mehr daran, wo das retardierende Moment herkam. Ich hatte es wohl irgendwo gelesen, aber welches Drama wir damals bearbeitet haben, keinen Schimmer mehr. Auch egal, mein Deutschlehrer hat das retardierende Moment, ohne zu zögern, mit einem Lob versehen.

Deutsch war neben Geschichte – trotz Dünkersbach – bis zum Abitur mein Lieblingsfach, aber dass der Deutschlehrer der ersten Jahre diese aufkeimende Begeisterung irgendwie angefacht hätte, ich kann mich nicht erinnern. Nicht an wirkliche Höhepunkte und auch an keine Ausreißer. Unser Deutschlehrer war jung, aber nicht so gut aussehend, dass man irgendwie abgelenkt gewesen wäre. Nach seinem Referendariat waren wir die erste Klasse, die er unterrichtete. Er war mit einer Dänin verheiratet, was ihn ein bisschen exotisch machte. Das war aber schon alles. Das Privatleben der Lehrer schien damals uninteressant, sie waren halt Lehrer. Dass sie sich auch verlieben können, okay, siehe Dänin. Aber dass sie außerhalb der Schule in persönliche Tragödien verwickelt sein könnten? Ausgeschlossen. Falls es so war, haben sie es uns jedenfalls nicht merken lassen.

Wie fatal Unterricht und Privatleben miteinander verknüpft sein können, darüber hat Judith Taschler vor zehn Jahren einen Roman geschrieben. Noch immer gehört er zu meinen Favoriten.

Die Geschichte nimmt ein paarmal derart unerwartete, genial ausgedachte Wendungen, dass es wirklich ein Jammer wäre, würde man das in einer schnöden Inhaltsbeschreibung preisgeben. Was man wissen darf: Matilda ist Deutschlehrerin und liebt den jungen Schriftsteller Xaver. Xaver liebt Matilda auch ein bisschen, aber nicht so heftig wie sie ihn. Sie will unbedingt ein Kind von ihm, er nicht, er tut alles, um das zu verhindern.

Sie leben jahrelang zusammen, aber eines Tages ist Xaver weg. Einfach so. Seine Sachen aus der gemeinsamen Wohnung hat er mitgenommen, einen Abschiedsbrief oder eine Erklärung hat er nicht hinterlassen. Matilda hat einen Nervenzusammenbruch, von dem sie sich nur mühsam erholt. 16 Jahre später treffen die beiden sich zufällig wieder. Zufällig? Nicht ganz.

Was Judith Taschler sich dann ausgedacht hat, ist wirklich ganz großes Kino. Ein Mann und eine

Frau. Dazu alles, was es zu einem veritablen Drama braucht: Liebe, Enttäuschung, Rache, Schuld, Verrat, ein Kind, eine überstürzte Heirat und ein Beinahe-Mord. Die Geschichte kommt gänzlich anders daher als ein herkömmlicher Krimi oder ein Thriller. Es ist die Geschichte einer großen Liebe. Was immer an Ungeheurem, an Unerwartetem passiert, geschieht leise, wie beiläufig. Matilda und Xaver erzählen, was in den letzten 16 Jahren, in denen sie sich nicht gesehen haben, passiert ist. Eine raffinierte Lebensbeichte voller Ängste und Abgründe. Frau erzählt aus ihrer, Mann aus seiner Sicht. Nie kann man sicher sein, wer lügt und wann er oder sie die Wahrheit sagt. Man weiß nicht, was sich vielleicht Matilda nur ausgedacht und Xaver vielleicht wirklich getan hat. Am Ende ist alles klar, aber selbst auf der letzten Seite gelingt der Autorin noch ein fabelhafter Überraschungsmoment. Dieser Roman hat knapp zweihundert Seiten, ich habe das Buch gelesen wie in einem Rausch. Zweimal innerhalb weniger Wochen, weil es nach dem ersten Lesen noch auf meinem Nachttisch lag. Und obwohl ich ja jetzt wusste, was passiert, hat es mich ein zweites Mal gefesselt und gepackt. Wie großes Kino eben.

Wenn man über Deutschstunden schreibt, liegt der Verweis auf die wohl bekannteste literarische Deutschstunde nah. Der Roman von Siegfried Lenz ist vor fast 55 Jahren erschienen, da hatte ich schon Abitur, konnte lesen, was ich wollte. Habe ihn freiwillig gelesen. Aber »So zärtlich war Suleyken«, das war Schullektüre. Seinen Bestseller »Die Schweigeminute«, der vor fast 13 Jahren erschien, habe ich nicht gelesen. Ich kann nicht mal schlüssig sagen, warum. Vielleicht weil er in jeder Zeitung besprochen wurde, jeder Rezensent den Inhalt schon preisgegeben, seine Meinung zum Buch gesagt hatte. Ich hatte das Gefühl, es zu kennen, ohne einen einzigen Satz gelesen zu haben.

Und dann dieses kleine Buch, 128 Seiten dünn, fein gebunden, handlich und einladend, ein bisschen wie aus der Zeit gefallen mit seinem Einband. Das erste Mal vor mehr als vierzig Jahren erschienen, mittlerweile mehrfach neu aufgelegt: »Der Anfang von etwas«.

Die Titelgeschichte ist eine Mischung aus Krimi und Liebesroman, wurde fürs Fernsehen verfilmt. Ein Mann wird für tot erklärt, aber seine Frau glaubt ihn auf der Beerdigung unter den Trauergästen zu erkennen.

Oder die Geschichte »Das Wunder von Striegeldorf«, die von zwei Häftlingen erzählt, die Weihnachten gern zu Hause und nicht im Knast verbringen möchten. Sie brechen aus, wollen aber nach dem Fest gern wieder rein. Nur klappt das leider nicht.

Acht von mehr als 150 Kurzgeschichten, die Siegfried Lenz im Laufe vieler Jahre geschrieben hat, sind in diesem Buch versammelt.

Mit wachsender Freude und angezogener Handbremse habe ich es gelesen. So viel Behutsamkeit ist für einen Schnellleser wie mich ungewöhnlich. Aber jede dieser Geschichten ist wie ein eigener Roman, nimmt den Leser mit Herz und Sinnen mit. Die acht Geschichten hintereinander zu lesen, wäre eine Überdosis.

Ich habe dieses Büchlein sehr gemocht und wenn demnächst mal wieder einer beim Namen Lenz mit dem Kopf nickt und etwas von »Deutschstunde« murmelt, dann murmele ich zurück: »Der Anfang von etwas« ... das wäre auch mal eine sehr gute Empfehlung.

Während ich mich an meine Deutschstunden erinnere, an ein Klassentreffen mit Menschen, die man am Anfang des Lebens kennengelernt hat und jetzt auf der Zielgeraden wiedertrifft, ploppt unvermeidlich die Frage auf, was haben wir gemacht aus unserem Leben? Was haben wir an Begabung und Begeisterung für ein Lieblingsfach ins Erwachsenenleben retten können? Wie gut sind wir mit den Schwächen, die sich vielleicht schon in der Schule zeigten, durchs Leben gekommen? Spät am Abend taucht unerwartet mein Vater in den Erinnerungen der Klassenkameraden von damals auf. Er hatte sich im Schulelternbeirat engagiert. Damals war er schon eine Weile pensioniert, hatte Zeit und hat deshalb unsere Klasse auf Reisen und Ausflügen als Elternvertreter begleitet. Ich hatte das vollkommen vergessen. An diesem Abend wurde ich daran erinnert, als die Klassenkameraden von ihm erzählten. Als »gütigen älteren Herrn«, so haben sie ihn in Erinnerung behalten. Ich hätte gern mehr gehört, nachgefragt, ging aber nicht, weil mir schon bei der Beschreibung des gütigen älteren Herrn die Tränen kamen.

Zu seinen Lebzeiten bin ich viel mit meinem Vater gereist, meist waren es Ziele in Deutschland, Langenargen am Bodensee zum Beispiel. Ich war nie mehr dort, die kleine Stadt von damals ist bis heute ein Sehnsuchtsort für mich geblieben.

Es gibt einen Roman, der mich beim Lesen an einen Ort zurückgebracht hat, an dem ich vor vielen Jahren mit meinem Vater »in der Sommerfrische« war, wie er es nannte. Bis zu diesem Buch war ich mir nie sicher, ob ich mir das mit der im Wasser versunkenen Kirche nicht einfach nur eingebildet habe. Aber es gibt sie. Marco Balzano, einer der populärsten Autoren Italiens, macht sie zum Mittelpunkt seines Romans »Ich bleibe hier«. Hätte er sich nicht im Urlaub in Südtirol bei einem Ausflug verfahren, die Geschichte der Kirche und ihres Dorfes wäre vielleicht nie geschrieben worden.

Bei seiner Irrfahrt landete er am Reschensee, einem Stausee, aus dem in der Mitte ein Kirchturm in die Höhe ragt.

Einst war er Mittelpunkt des Dorfes Graun.

Ein typisches Südtiroler Dorf, mit Bauern und Handwerkern, zwei Wirtshäusern, einer kleinen Schule, üppigen Geranientöpfen an den verzierten Häusern. Eine Dorfgemeinschaft, die gewaltsam aufgelöst wird, als ein Energiekonzern im Tal einen Stausee baut, um Strom zu gewinnen.

Der Widerstand der Bewohner ist heftig, aber am Ende vergeblich. Ihr Dorf wird geflutet, sie werden umgesiedelt, manche in letzter Minute.

Es gibt aus dieser Zeit ein Foto. Eine alte Frau in ihrem Haus, in dem das Wasser schon hüfthoch steht. Ihre Hände klammern sich ans Fensterbrett, sie will nicht in das Boot umsteigen, das bereitsteht, sie zu retten. Als der Autor Balzano bei seinen Recherchen auf jenes Zeitungsfoto stieß, war ihm klar: Eine starke, kämpferische Frau wie die auf dem Bild will ich als Hauptfigur in einem Roman. Er erfindet Trina, eine Lehrerin, deren Familiengeschichte eng mit der des Dorfes verwoben ist. Spannend, unterhaltsam, wehmütig, bittersüß wird sie erzählt, es ist alles drin in diesen knapp dreihundert Seiten.

Eine Menge Zeitgeschichte, Familienkonflikte, Leid, Liebe, Wut. Marco Balzano hat diesen Roman mit der Stimme und den Gefühlen einer Frau geschrieben. Hätte er die Geschichte aus Sicht eines Mannes geschrieben, wäre sie eine andere geworden, sagte er in einem Interview.

Ich war als kleines Mädchen, Mitte der 50er-Jahre, in den Sommerferien am Reschensee.

Erinnere mich gut daran, wie faszinierend und unheimlich zugleich ich den Gedanken fand, dass dort unten, auf dem Grund des Sees, ein Dorf liegt. Was könnten die Menschen erzählen, die dort einmal gelebt haben?

Vor genau 70 Jahren ist das Südtiroler Dorf Graun von der Landkarte verschwunden. Der Roman macht seine Bewohner, ihr Lieben und ihr Leiden, noch einmal lebendig.

Das Klassentreffen, meine Reise in die Vergangenheit, hallt nach. Von Mannheim nach Köln sind es mit dem Zug gerade mal zwei Stunden. Es hat mindestens zwei Tage gedauert, bis ich wieder in meiner Gegenwart angekommen war.

Was ich in Mannheim erlebt hatte, war wohl erst die Generalprobe. Irgendwann habe ich jene Klasse nämlich verlassen müssen, ich war sitzen geblieben wegen einer Fünf in Latein, in Mathe und in Sport.

Mein Abitur habe ich an einer anderen Schule gemacht, die Abifeier zum 55. Jahrestag kommt also noch. Ich wechselte auf ein Gymnasium, das gerade erst die Koedukation eingeführt hatte. In einer Klasse, in der vorher nur 20 pubertierende Jungens saßen, gab es nun auch noch zwei pubertierende Mädchen. Für den Lateinlehrer, gleichzeitig auch Klassenlehrer, eine mittlere Katastrophe. Wir beiden Mädchen, Ingeborg und ich, waren in die Vorzeigeklasse der Schule gekommen. Viele Einserschüler in Mathe, Latein, Deutsch. Nicht mehr lange. Uns beiden ist es gelungen, den Notendurchschnitt der Klasse auf ein vernünftiges Maß herunterzupegeln.

Westermann, dich nagen sie im Abitur ab wie einen Knochen, hat mir mein Mathelehrer im Abijahr mal gesagt, als ich ratlos an der Tafel stand und mit einer binomischen Formel hantierte.

Geometrie und Mathematik waren nicht wirklich meine Freunde. Es hat mich nie interessiert, wie viele Kilos in eine Tonne passen oder wie viel Liter in einen

Hektoliter. Ich hatte irgendwann den Anschluss verpasst, aus Trägheit, Desinteresse. Ein guter Lehrer hätte nicht nur die Einserschüler mit hoch komplizierten mathematischen Rätseln herausgefordert, sie brillieren lassen. Er hätte sich auch um die Abgehängten gekümmert. Mich an die Hand nehmen, mir eine gute Nachhilfe verpassen können, im Abitur hätten sie nichts mehr zum Abnagen gehabt.

Es gibt einen Roman, der mich gelehrt hat, dass man Zahlen durchaus mögen kann.

»Die Einsamkeit der Primzahlen«, der Titel ist grandios gewählt, finde ich. Die Fünf und die Sieben zum Beispiel, sie stehen ganz dicht beieinander und sind doch getrennt. Einsam auf ihrem Platz, anders als die anderen Zahlen. Und dieses Anderssein, das beschreibt der junge Autor Paolo Giordano in seinem Roman.

Im Mittelpunkt zwei Kinder, Junge und Mädchen, die völlig unterschiedlich sind und doch eines gemeinsam haben. Ein dramatisches Kindheitserlebnis hat sie zu Außenseitern gemacht. Alice ist sechs Jahre alt, hasst das Skifahren, wird aber von ihrem herrischen Vater in den Ferien dazu gezwungen. Sie verunglückt schwer und ist fortan behindert.

Ihr Mitschüler Mattia hat eine behinderte Zwillingsschwester, auf die er ständig aufpassen muss, für die er sich schämt. Er hat keine Freunde und als er überraschend doch zu einer Geburtstagsfeier eingeladen wird, will er unter keinen Umständen seine Schwester mitnehmen. Er lässt sie allein im Park zurück. Als er Stunden später wiederkommt, ist sie verschwunden. Bleibt es für immer. Ein paar Jahre später begegnen sich Alice und Mattia auf dem Gymnasium, fühlen sich sofort zueinander hingezogen und bleiben doch getrennt. Wie Primzahlen, allein, aber sich doch nahe. Aber nicht nahe genug, um sich wirklich berühren zu können. Und das soll sich ihr ganzes Leben nicht ändern …

Der Roman ist starker Tobak, und zwar von Seite eins an, wenn sich die kleine Alice vor Angst in die Hosen macht, weil sie gleich mit ihren Skiern den Berg hinunterfahren muss.

Es ist eine Liebesgeschichte und doch auch wieder nicht. Es sind zwei Königskinder, die nicht zusammenkommen können, und man schwankt ständig, ob man es ihnen überhaupt wünschen soll.

Erzählt wird die Geschichte über einen Zeitraum von 25 Jahren. An ihrem Ende ahnt man, dass die beiden ihr Kindheitstrauma wohl nicht mehr loswerden, aber vielleicht lernen, damit zu leben.

Ich habe das Buch im Sommer auf dem Balkon gelesen, und das war gut so. Weil man schnell bereit ist, sich diese stete Melancholie überzustülpen und fortan reichlich bedröppelt durchs Leben zu gehen.

Immer bleibt dieser Roman spannend, gibt es unerwartete Wendungen, man hofft und bangt. Bis zur letzten Seite. Die italienischen Rezensenten haben sich überschlagen in ihren Kritiken, ich würde gerne auf dem Teppich bleiben.

Ich weiß nicht, ob es ein »einzigartiger Bildungsroman« ist und ob es sich um ein »literarisches Phänomen« handelt. Aber ich weiß, dass es ein gutes Buch ist, das ich gern weiterempfehle. Und dass es meinen Blick auf die Mathematik und die Primzahlen ein wenig verändert hat. Im positiven Sinne.

In meiner Abiklasse von 1969 gab es also zwei Mädchen und zwanzig Jungen, von denen einige schon eine leise Ahnung hatten, wie man Mädchen rumkriegt, und andere so scheu waren, dass sie jedes Tischtennismatch im Landschulheim einer Knutscherei mit einem Mädchen vorgezogen hätten. Ob wir beiden Mädchen aus Versehen ein paar der Unbeholfenen durch unsere kalte Schulter und unseren frühreifen Spott in Sachen Sex, Frauen, Erotik erst mal das Fürchten gelehrt haben – schon möglich.

Traumatisiert fürs Leben?

»Ich mache diesen Beruf nur, weil ich mich in der Schule von Mädchen zurückgesetzt fühlte. Die tiefe Gerechtigkeit ist, dass die Abräumer von damals heute die elterliche Tankstelle kehren. Sie werden nicht größenwahnsinnig, wenn Sie keine Minderwertigkeitskomplexe haben, beides bedingt sich.« Hat Harald Schmidt in einem Interview von sich preisgegeben.

Man kann es nachlesen in einem sehr beeindruckenden Buch, das Sven Michaelsen geschrieben hat. Er ist ein brillanter Journalist, ein genialer Frager. Nie arbeitet er einen Fragenkatalog ab. Er hört zu, wenn er einem Menschen gegenübersitzt, fragt nach. Und nie überschreitet er jene unsichtbare Grenze, an der es zu privat, zu direkt, zu schmerzhaft, zu nahe sein könnte. In seinem Buch »Am Anfang steht der Größenwahn, am Ende die Demut« hat Sven Michaelsen die Essenz aus Hunderten Gesprächen zusammengetragen. Bekannte, berühmte Männer und Frauen erzählen aus ihrem Leben, öffnen sich, ich glaube, ohne es wirklich zu merken. Der Journalist hat ihr Vertrauen gewonnen. Und er wird, das spürt man beim Lesen sehr deutlich, dieses Vertrauen und damit die Menschen, mit denen er spricht, nie enttäuschen.

Beim Lesen der Interviewpassagen passiert etwas Überraschendes. Ich habe gemerkt, wie ich die Perspektive wechseln, auf das Leben mit all seinen Unwägbarkeiten und Facetten ein bisschen anders gucken konnte. Wenn Margarete Mitscherlich, die berühmte Psychoanalytikerin, von ihrem berühmten Mann Alexander spricht, ihn einen »Frauentyp« nennt und überzeugend darlegt, warum sie seine Affären gutheißen konnte. Oder Mario Adorf ebenso gewinnend dafür wirbt, in Beziehungen nicht ehrlich zu sein, er hält das für katastrophal. Wenn man das liest, spürt man sie, die etwas andere Perspektive. Und kann ihr durchaus etwas abgewinnen. Je älter die Befragten, desto klarer ihre Botschaften: »Wer meint, seine Pubertät liege hinter ihm, der interessiert mich nicht. Für

mich ist Pubertät lebenslänglich. Ich werde nicht reif.«
Martin Walser (95 Jahre alt)

Sie haben mich im Abitur abgenagt wie einen Knochen, die Vorhersage des Mathematiklehrers hat sich bewahrheitet. Für eine Sechs hat es nicht gereicht, aber eine solide Fünf ist es geworden. Was ich damals durch eine Zwei in Deutsch locker ausgleichen konnte. Ich hatte die beste Deutscharbeit der Abiklassen geschrieben. Das bedeutete, so wollte es die Tradition, ich würde die Rede auf der Abifeier der Schule halten.

Hat nicht geklappt, denn mit einer Fünf in Mathe war kein Staat zu machen, das hat mir die Direktion ziemlich unmissverständlich klargemacht. Also durfte sie einer halten, der beides beherrschte. Die Zahlen und die Sprache, Deutsch und Mathematik.

Auf dem Abiball war ich mit Mutter und zweitem Stiefvater, ein stattlicher Mann, der gut tanzen konnte. Aber das wusste ich schon, schließlich hatte er meine Mutter ein paar Jahre zuvor beim Tanztee im Ruderclub kennengelernt. Dass ich aus einer zusammengewürfelten Familie kam, fiel damals nicht weiter auf. Den Mann, der nicht mein Vater war, nannte ich »Papi«, das wollte meine Mutter so.

Ich glaube, ich habe bei dieser Abifeier vor 54 Jahren wirklich Glück gehabt. Es würde noch viele Jahre dauern, bis jemand das Wort »Patchwork« für angedellte Familienverhältnisse erfinden würde. Was Patchwork anrichten kann, hat Autor Eric Nil in seinem Roman »Abifeier« treffend beschrieben.

Mann in Basel, verheiratet, zwei Kinder.

Die Ehe hat irgendwann Schieflage, Mann verlässt die Familie, zieht nach Hamburg. Seine Tochter kommt nach. Mann in Hamburg verliebt sich, die neue Frau ist geschieden, hat zwei Söhne. Mann zieht mit seiner Tochter bei der neuen Frau und den neuen Söhnen ein. So weit, so gut. Vorausgesetzt, es kommt den Familien keine Abifeier dazwischen. Da sollen die Mitglieder der Patchworkfamilien wieder zusammen an einem Tisch sitzen. Nur: Wer sitzt neben wem?

Die Ex-Frau neben der neuen Freundin des Mannes? Und wie gut hält der es aus, neben dem Ex seiner neuen Liebe zu sitzen? Welches Mitspracherecht haben die fast schon erwachsenen Kinder, die ja die Hauptpersonen bei einer Abifeier sind? Und warum muss diese Abifeier zwangsläufig zum »perfekten Ort für ein Familienscharmützel«(Klappentext) werden?

Der Autor hat die Abifeier seiner alten/neuen Familie wohl selbst durchlebt und durchlitten. Er weiß genau, worüber er schreibt, das merkt man diesem Buch auf jeder Seite an. Er beobachtet mit feiner Ironie, kommt ohne gut gemeinte Ratschläge aus. »Patchwork« klingt bunt, fröhlich, da schwingt ein bisschen mutige Gelassenheit mit, das klingt nach »Wir schaffen das«. Klappt bloß bei der Abifeier nicht. Wer an welchem Tisch sitzt oder auch nicht sitzen kann, sitzen will, daraus hat Eric Nil eine großartige Geschichte gestrickt.

Sie ist streckenweise sehr komisch, aber man spürt dennoch die Dramatik, die solche Familienkonstellationen auslösen können.

Der Autor stellt niemanden bloß, die Patchworker wollen immer nur das Beste.

Familie ist eine Naturgewalt, hat jemand mal klug beobachtet. Und Naturgewalten kann man nicht beherrschen. Die Tischordnung für die Abifeier einer Patchworkfamilie kommt der Quadratur des Kreises nahe. In diesem Buch wird sie Schauplatz eines Familienkleinkrieges. Eigentlich ist Waffenstillstand verabredet, heißt es im Klappentext, aber ständig explodiert irgendwas und irgendwer.

Eric Nil ist das Pseudonym eines bekannten Romanautors, der sich bestens im Umgang mit schwierigen Familienkonstellationen auskennt, schreibt der Verlag.

Es wird spekuliert, wer es sein könnte, aber ist das wichtig? Wichtig ist, dass da einer aus dem richtigen Leben schreibt und dabei die, die er liebt, dennoch gut zu schützen weiß.

Wie schreibt man also ein Buch?

Man braucht nicht unbedingt ein Telefonbuch, damit die Namen stimmen. Ein Fahrtenbuch tut es auch.

Dem Autor Niklas Maak ist es gelungen, mithilfe eines Fahrtenbuches eine hinreißende Geschichte über Menschen, ihr Leben und ihre Autos zu erzählen.

An einem Tag im November 1971 verlässt der nagelneue Mercedes 350 SL das Werk in Stuttgart. In 40 Jahren fährt er mit zehn Besitzern quer durch Deutschland, hat über 350.000 Kilometer auf dem Tacho, als es kracht und aus dem ehemals edlen Wagen ein Unfallwrack wird.

Was kann der Fahrzeugbrief erzählen, das alte Serviceheft, der Riss im Polster?

Was passierte auf den Sitzen, welche Geschichte verbirgt sich hinter dem kaum noch lesbaren Parkticket, das in der Seitentasche steckt.

Wer waren die Fahrer, wie haben sie gelebt, wovon haben sie geträumt, warum haben sie sich für dieses Auto entschieden?

Der Autor Niklas Maak folgt den Namen im Fahrzeugbrief, trifft ehemalige Besitzer, hört ihnen zu. Nicht alle spürt er auf, einige sind gestorben, andere verschwunden. Manche wollen, dass ihre Geschichte erzählt wird, bei anderen müssen Name, Wohnort, Beruf geändert werden.

Je nach Charakter und Gemütsverfassung haben die Menschen ihr Auto liebevoll umsorgt oder durch den Verkehr geprügelt.

Wie seine Besitzer auch hat der Wagen mit den Jahren Dellen, Kratzer, Schrammen abbekommen. Das

Leben aber geht weiter, auch wenn der Lack schon lange ab ist.

Niklas Maak ist Journalist, er hat genau und gründlich recherchiert. Und dann hat sich seine journalistische Arbeit in eine literarische gewandelt. Er hat die Lebensgeschichten der Wagenbesitzer ausgemalt. Bunt, wenn es angebracht schien, grau bis schwarz, wenn es nötig war. Farblos oder blass aber war keine.

Der Autor ist ein begnadeter Schreiber, dem es auf wundersame Weise gelingt, die einzelnen Biografien zu einem Roman zusammenzufügen.

Er schafft es mühelos, Bilder, Stimmungen, Farben, Gerüche, vor allem aber das Lebensgefühl von vier Jahrzehnten Bundesrepublik lebendig werden zu lassen.

Ich habe dieses Buch mit großer Freude gelesen, es erzählt auch meine Geschichte.

Und die Geschichte all jener, die in den 60er-, 70er-, 80er-Jahren groß geworden sind.

Niklas Maak macht das leise, fast distanziert, und dennoch spürt man immer die Seele. Die der Menschen. Und falls ein Auto eine hat, auch die.

Zauberberg (IV): Der Aufstieg stockt

Ich bleibe wieder mal an Settembrini kleben, dem fortschrittlichen Philosophen, und seinem reaktionären Gegenspieler Naphta, mit dem er sich heftige Rededuelle liefert. Hans Castorp hat übrigens nach elf Monaten Sanatoriumsaufenthalt endlich kein Nasenbluten mehr, denn auch »der Chemismus seines Magens hatte sich geregelt und angepasst, Maria Mancini schmeckte, die Nerven seiner ausgetrockneten Schleimhäute kosteten längst wieder die Blume des preiswerten Fabrikats, das er sich nach wie vor, wenn der Vorrat zur Neige ging, mit einer Art Pietätsgefühl aus Bremen verschrieb, obgleich sehr einladende Ware sich in den Schaufenstern des Kurorts empfahl«. (Maria Mancini ist die Marke von Hans Castorps Lieblingszigarren.) »Er entnahm seinem automobilledernen und mit silbernem Monogramm geschmückten Etui ein schönes Exemplar der obersten Lage, an einer Seite abgeplattet, wie er es besonders liebte, kupierte die Spitze mit einem kleinen, eckig schneidenden Instrument, das er an der Uhrkette trug, ließ seinen Taschenzündapparat aufflammen …« Und das Ding brennt endlich. Den Taschenzündungsapparat kenne ich noch von früher. Von Seite 71. Kinder, wie die Zeit vergeht.

8

Wir stehen selbst und sehn betroffen, den Vorhang zu und alle Fragen offen.

Bertolt Brecht

Manchmal kann eine Herausforderung im Leben ungewöhnlich verpackt sein. Fast so ein bisschen wie ein Antrag aus einem fernen Jahrhundert: Mein schönes Fräulein, darf ich's wagen, mein Arm und Geleit ihr anzutragen?

Was mir allerdings vom Kulturchef des ZDF angetragen wurde, würde kein Spaziergang werden, wie sich im Laufe der nächsten vier Jahre herausstellen sollte. »Darf ich jetzt ganz höflich fragen: Haben Sie Lust, zur Stammbesetzung des neuen ›Literarischen Quartetts‹ zu gehören?«, schreibt er mir nach einem Treffen in Köln und einem in Mainz.

Ich hatte Lust, aber auch ganz gehörig Manschetten. Freude und Bangen hielten sich lange die Waage. Das erste Mal hatte ich ihn frühmorgens zu einem ersten Gespräch in einem Kölner Café getroffen. Ich erinnere mich noch heute, dass er ein Croissant zu seinem

Kaffee bestellte, was ich für eine dienstliche Besprechung reichlich verwegen fand. Er trug einen Bart, auf dem sich zerbröselte Croissantteilchen schon gern mal loriotmäßig selbstständig machen.

Es sollte alles gut gehen. Mit dem Croissant.

Das Gespräch war freundlich und zugewandt, ich war ziemlich aufgeregt. Habe allerdings angestrengt versucht, einen gelassenen Eindruck zu machen. Und einfach nur gehofft, dass er mich nicht nach einem Buch fragen würde, über das sich die Rezensenten in den Feuilletons gerade ereiferten, das ich aber vermutlich nicht gelesen hatte. Er fragte mich stattdessen, wie ich mir die Nachfolgesendung des berühmten »Literarischen Quartetts« vorstellen könnte. Was man an Gutem übernehmen und was man durch Neues ersetzen sollte. Ich hatte darauf gehofft, dass er mich genau das fragen würde, und meine Antwort kam wie aus der Pistole geschossen. Ein Tisch. Das neue Quartett sitzt an einem Tisch. Wie er in jeder guten Küche steht. Massiv, robust. So merkwürdig schief und sichtbar um (Sitz-) Haltung ringend, wie die »Quartett«-Altvorderen in ihren schicken Designersesseln hingen, das wollte ich uns Nachfolgern ersparen.

Ein Tisch, weil das richtige Leben einem bei jedem Abendessen mit Freunden zeigt, wie engagiert, leidenschaftlich, emotional man miteinander diskutiert, wenn alle um einen Tisch versammelt sind. Weil man die Hand aufstützen kann beim Zuhören, eine Bemerkung mit großer Geste vom Tisch wischt oder das

Gesagte unterstreicht, in dem man ordentlich auf die Tischkante haut. Weil man sein Gegenüber direkt angucken kann, wenn man für etwas werben möchte oder einem etwas zu viel wird. Weil man mal den Rücken krumm machen, die Stellung wechseln kann. Ein Tisch, an dem man gemeinsam sitzt, bringt sofort eine gewisse Vertrautheit mit sich, von Vorteil, wenn einem die Kameras zugucken, während man sich ordentlich über Bücher streitet oder wunderbar einig ist.

Deshalb ein Tisch. Und sonst: nichts. Alles so lassen, wie es war. Vier Menschen, vier Bücher, kein Schnickschnack. Weil genau diese schlichte Idee auch in hundert Jahren noch bestechend sein wird.

Ich mochte, wie die Original-Vier ohne sichtbaren Spickzettel hantierten und dennoch oder gerade deswegen die schönsten Formulierungen rausgehauen haben. Mit wie viel Leidenschaft sie ein Buch gerühmt oder niedergemacht haben. Wie souverän und mit welchem Langmut Sigrid Löffler die persönlichen Angriffe und sexistischen Anwürfe der Machos am Tisch ertragen und ausgehalten hat, ohne auch nur einmal den Versuch zu unternehmen, einen der Anwesenden an Ort und Stelle zu würgen. Was ich an ihrer Stelle gern getan hätte. Vermeiden wollte ich im Übrigen auch, dass meiner Frisur und meinem Outfit wie damals bei Sigrid Löffler von den Kritikern eine entscheidende Rolle zugeordnet würde, wenn es doch eigentlich um die Qualität von Büchern gehen sollte.

Ich habe den Antrag des freundlichen Kulturchefs angenommen. Und weiß heute, dass ich im nächsten Leben mindestens auch Chef werde, noch besser Oberchef. Intendant zum Beispiel, denn der ist der Bestimmer. Ich würde bestimmen, dass Literatursendungen unter allen Umständen am Tisch stattzufinden haben. Da ich leider noch kein Bestimmer bin, gab es im neuen alten »Quartett« ein Podium und darauf wieder vermaledeite Designersessel für die Sitzrunde. Was man im Fernsehen sah: viel zu viele Beine, Füße, Schuhe. Als säßen wir auf einer Rettungsinsel, müssten uns dicht aneinanderdrängen, damit die Socken nicht nass werden. Im TV sieht das nach einer merkwürdigen Unordnung aus. Als hätten wir uns hastig, ähnlich der Reise nach Jerusalem, auf der Rettungsinsel irgendwohin gesetzt.

In einem Zeitungsinterview kurz vor der ersten »Quartett«-Sendung wurde ich gefragt, welche Rolle ich in der Viererrunde einnehmen wolle?

Vielleicht war es ja eine naheliegende Frage. Ich fiel ja tatsächlich aus der Rolle, las Bücher anders als die anderen. Hatte kein Literaturstudium absolviert, wusste nicht, wann man von einem Memoir spricht und was ein hermeneutischer Ansatz ist. Ich las gern und viel, schrieb keine Verrisse, sondern wollte – oft genug ziemlich beseelt – vermitteln, was mich zu einem Buch hingezogen hatte und warum es möglichst viele Leser finden sollte. Völlig egal, ob es nun ein Memoir war oder wie der hermeneutische Ansatz ausfiel.

Das, dachte ich mir, müsste reichen.

Warum sollte ich also eine Rolle einnehmen?

Mich verstellen? Ich bin Christine Westermann, das heißt, ich formuliere verständlich, produziere hoffentlich keine Worthülsen, winde keine umständlichen Sprachgirlanden. Bin mutig, wenn es gilt, zu meiner Buchauswahl zu stehen, auch wenn die anderen drei im »Quartett« sie unsäglich finden.

So weit die Theorie. In der Praxis war das mit dem Mut so eine Sache. In einer der ersten »Quartett«-Sendungen habe ich den Roman eines niederländischen Autors, Ernest van der Kwast, empfohlen: »Fünf Viertelstunden bis zum Meer«.

Die fünf Viertelstunden braucht man von der kleinen italienischen Stadt bis zum Meer. Dort am Strand lernen sie sich kennen, Ezio und Giovanna. Ezio verknallt sich sofort in die schöne junge Frau, die sich traut, eine Art Bikini zu tragen, nabelfrei, im Sommer 1945 eine Sensation, fast schon unerhört. Sie flirten heftig, schlafen miteinander, der junge Mann macht der schönen Frau in diesem Sommer zwei Heiratsanträge. Aber davon will sie nichts wissen, sie will sich nicht entscheiden, noch nicht. Das kränkt ihn, das hält er nicht aus, er geht weg, ohne Abschied, weit weg, um die große Liebe zu vergessen, was ihm nicht einen einzigen Tag gelingt. Irgendwann schreibt er ihr noch mal einen Brief, der ohne Antwort bleibt. Im Kopf macht er Schluss, im Herzen nie. Sechzig Jahre später aber kommt morgens mit der Post ein Brief. Von ihr. Sie will ihn wiedersehen. Was dann passiert, wird sehr dicht, eindringlich und dennoch federleicht erzählt. Auch melancholisch, ja, aber vor allem lebendig, klar, kein Wort zu viel, kein einziges Mal die Andeutung eines Kitschgewitters. Stattdessen entfacht der Autor ein kleines Brillantfeuerwerk an Farben, Gerüchen, Gefühlen. Ein Roman, der nicht mal hundert Seiten hat und ein ganzes Leben umfasst. Zwei ganze Leben, das von Giovanna und das von Ezio.

»Dieses Buch ist eine Aufforderung, die Chance auf die große Liebe zu ergreifen«, wird ein Kritiker zitiert. Das scheint mir ein bisschen platt.

Warum soll man die Chance ergreifen, wenn man sich gar nicht sicher ist, ob es die große Liebe ist?

Wie viele große Lieben gibt es im Leben? Wirklich nur eine?

Vielleicht kann das ganz Große im Leben auch mit sechzig Jahren Verspätung kommen.

Im niederländischen Original heißt das Buch »Giovannas Nabel«, und weil ich häufig jammere, wenn bei der Übersetzung ins Deutsche merkwürdige sprachliche Schräglagen entstehen, möchte ich jetzt mal loben. Der deutsche Titel »Fünf Viertelstunden bis zum Meer« ist eine viel schönere Verheißung als »Giovannas Nabel«.

Eine Liebesgeschichte, und noch dazu eine so ungewöhnlich schön beschriebene, davon werden sie alle angetan sein, dachte ich. Weit gefehlt. Drei dagegen, nur die Westermann dafür, so lautete am Ende das Votum. Noch heute denke ich manchmal, dass ich meine Buchempfehlungen mit noch mehr Leidenschaft hätte verkaufen können. Hätte doch auch eine vergnügliche Herausforderung sein können, mit emotionaler Wucht für ein Buch zu werben. So locker, so sportlich habe ich es nicht immer sehen können. Okay, mache ich im nächsten Leben. Wenn ich da nicht schon als Intendant ranmuss.

Vielleicht hatten das kleine Buch und ich damals einfach nur Pech. Im Mittelpunkt der Sendung stand ein Roman von Karl Ove Knausgard. Sein neues Buch überstrahlte alles, Kritiker weltweit lagen dem Autor bereits zu Füßen. Der Norweger Karl Ove Knausgard war der Star am internationalen Literaturhimmel.

Zur Debatte im »Quartett« stand »Träumen«, einer von sechs Romanen aus dem »autobiografischen Projekt«, wie Knausgard es nannte. Ich erinnere mich lebhaft ans Teetrinken. Im Roman erzählt er davon, wie er ihn zubereitet. Teebeutel, heißes Wasser, wie unsereiner auch. Karl Ove Knausgard aber widmet diesem an sich simplen Vorgang mehrere Seiten und macht sich angesichts des Tees so seine Gedanken. Er macht das nicht nur einmal, er trinkt geschätzte 743 Tassen in diesem Roman. Und ich war gefühlt bei jeder einzelnen Tasse dabei. Vielleicht ist es das, was Literatur ausmacht. Sich selbst beim Entstehen seiner Gedanken zu beobachten und das in Worte zu fassen.

Ähnlich wie auch Marcel Proust sich in Erinnerungen verliert, während er eine Madeleine in eine Tasse mit Tee tunkt. Nein, ich habe Prousts »Auf der Suche nach der verlorenen Zeit« nie ganz gelesen. Ich habe damit angefangen, weil ich wusste, Proust ist Weltliteratur. Wenn alle Welt seinen berühmtesten Roman gelesen hat, will ich das auch tun. Ich bin, glaube ich, sechzig Seiten weit gekommen. Habe aufgegeben.

»LITERATUR!« heißt ein Buch, das die Autorinnen Katharina Mahrenholtz und Dawn Parisi geschrieben haben. Für Menschen, denen es ähnlich geht wie mir. Nehmen wir also Proust. »Auf der Suche nach der verlorenen Zeit« ist nicht nur *ein* Buch, es gibt sieben Bände, aber keine Handlung. Nur so etwas wie gedankliche Abschweifungen. Lange gedankliche Abschweifungen. Und endlos viele Personen. 500 etwa. Und schier endlos viele Seiten, über 4000. Dagegen ist der Zauberberg eine Kurzgeschichte.

Vorschlag der Autorinnen für Einsteiger: »Lesen Sie bis zur berühmten Madeleine-Szene.

Der Icherzähler isst ein Stück Gebäck zum Tee, wird durch den Geschmack in die Vergangenheit katapultiert und jetzt geht es erst richtig los mit dem ganzen Erinnern.

Wem das Buch bis hierhin gefallen hat, kann sich die restlichen sechs Bände kaufen und hat Lesestoff für die nächsten Jahre. Wer sich bis zur Madeleine-Szene gequält hat, kann hier aufhören. Auf den nächsten 3000 Seiten wird es so weitergehen wie bisher.«

»LITERATUR!« hat auch eine Rubrik, die sich Small-Talk-Info nennt: Marcel Proust zum Beispiel war zeitlebens völlig verfroren, trug immer mehrere Pullover übereinander, schlief im Pelzmantel, den er auch nicht ablegte, wenn er im Restaurant oder bei Freunden zu Hause saß. Er hatte schweres Asthma und starb an einer Lungenentzündung.

In »LITERATUR!« stehen, kurz und knapp zusammengefasst, die wichtigsten Romane der Weltliteratur. Und all das, was Sie schon immer mal darüber wissen wollten. Intelligent und witzig geschrieben, mit schrägen Details. Es amüsiert sich still über den weitverbreiteten Drang, immer und überall mitreden zu müssen. Über all die Wichtigtuer, die sich mit ihrem literarischen Halbwissen brüsten und auf einer Party mit einem Glas Wein in der Hand gönnerhaft von den nach ihrem Verständnis wirklich wichtigen Klassikern der Weltliteratur schwafeln. Ab sofort kann man jetzt still in sich hineingrinsen und schweigen, weil man es besser weiß. Oder zurückschlagen, mit einem zum Beispiel eher unbekannten Detail aus dem Leben von Marcel Proust, der unglücklich in seinen verheirateten Chauffeur verliebt war.

»Ein Klassiker ist ein Buch, das die Leute loben, aber nicht gelesen haben«, soll Ernest Hemingway gesagt haben. Woher kenne ich das Zitat? Aus: »LITERATUR!«. Ausrufezeichen. Und das steht da wirklich zu Recht.

Es war eine spannende Auseinandersetzung, als das »Literarische Quartett« über Karl Ove Knausgard diskutierte. Schließlich stand die Literaturwelt bereits kopf wegen des neuen Romans.

»Träumen« aber war für mich eines jener Bücher, die ich nach fünfzig Seiten sicher beiseitegelegt hätte. Für das »Quartett« habe ich die ganzen 800 Seiten des Romans gelesen. Vom Umfang kann er es also fast mit dem Zauberberg aufnehmen. Knausgard schreibt über die Offenheit, mit der man das Leben annimmt, wenn man jung ist. Über die vermeintliche Sicherheit, zu wissen, wer man ist.

Über das trügerische Gefühl, man werde immer so bleiben. Um dann Jahrzehnte später zurückzublicken und festzustellen, wie grandios man sich geirrt hat.

Das waren für mich ein paar der wenigen Glanzlichter im Buch. Ich fand Knausgard ansonsten überschätzt, langweilig. Habe mich in meiner Ablehnung emotional ziemlich aufgeplustert. Musste mir allerdings auch eingestehen, dass ich nicht darin geübt war zu sagen, warum mir ein Roman nicht gefällt. Ich wollte werben für ein Buch, statt es niederzumachen. »Bücher leisten das, was sonst nur in der Liebe oder in einer Freundschaft möglich ist: ganz nah dran an einem Menschen zu sein. Auch wenn sie einem unsympathisch sind«, hat die Journalistin Dorothea Wagner in einem Essay über Bücher geschrieben. Ja, ich war nah dran, wenn Knausgard, der mir nicht wirklich sympathisch war, seine Teezeremonie in schier unendlicher Länge inszenierte. Was einen Kritiker im Feuilleton aber nachgerade begeisterte:

»Dieses permanente Präferieren von Routinen, in denen jeder sich wiedererkennt.« Ich hänge meinen Teebeutel auch ins Wasser und bin mit Knausgard eins? Nichts habe ich bei der Lektüre spüren können von jenem magischen Gefühl, wenn ein Buch mich in ein anderes Leben schickt. Wenn ich noch Tage nach der letzten Seite eines Romans Bilder im Kopf habe.

Ich habe beim Gedanken an einen Knausgard-Roman doch Bilder im Kopf. Von einem Teebeutel oder wahlweise auch das von einem gekochten Ei. In einem seiner Romane hat er seitenlang darüber philosophiert, was passiert, wenn ein Salzkorn das Gelbe vom Ei berührt und die beiden sich verbinden. Manchmal war es mühsam, bei der »Quartett«-Auseinandersetzung den langatmig vorgetragenen Argumenten dafür oder dagegen zu folgen. Ausufernde Hinweise auszuhalten auf die Literaturgeschichte oder sich die vielfältigen Mutmaßungen anzuhören, wenn sich das zu besprechende Buch vom Vorgängerroman des Autors oder der Autorin abhob, um dann darüber zu spekulieren, was die Gründe sein könnten. Das war nicht meine Sache, aber ich versuchte, sie wider besseres Wissen zu meiner Sache zu machen. Auf dem Podest zu unseren Füßen, von der Kamera unentdeckt, gab es eine große Uhr, die gnadenlos Sendungsminuten und -sekunden herunterzählte. Ich behielt sie im Auge, meine Unruhe stieg, wenn ich sah, dass ich schon mindestens sechs

Minuten nichts mehr gesagt hatte. Was mir im Grunde logisch schien, weil ich schon gesagt hatte, was mir wichtig war. Bei den anderen drei wechselten sich Elogen und harsche Gegenrede ab, und auch wenn alles gesagt war, gab es kein Ende.

Ich hätte mich entspannt zurücklehnen, den anderen zuhören können. Habe ich aber nicht.

An der Entspannung hinderte mich die blöde Uhr, die mir anzeigte, wie lange ich schon nichts mehr zur Diskussion beigetragen hatte. Jetzt aber mal los, ermutigte ich mich still, sag was, sonst denken die anderen, du kommst nicht mehr mit.

Mit der Uhr vor Augen und der Sorge im Kopf, die anderen könnten mich ob meines Schweigens für überfordert halten, habe ich eben doch den Mund aufgemacht und irgendwas gesagt. Ich befürchte, mit jenen spontanen Zwischenrufen habe ich mich hin und wieder ins Abseits geschwafelt.

Si tacuisses, philosophus mansisses.

Christine Westermann, die schweigsame Philosophin des »Literarischen Quartetts«, das wäre es doch gewesen.

In den vier Jahren, in denen ich im »Quartett« mitspielte, gab es ein paar wenige Bücher, bei denen wir vier uns in unserer Begeisterung einig waren. An zwei dieser Romane erinnere ich mich gut. Einer steht noch in meinem Regal, hat ungewöhnlich viele Eselsohren, manchmal sogar zur Hälfte abgeknickte

Seiten, weil es Sätze gab, die mich begeistert hatten. Die ich auf diese Weise markieren wollte, um sie später noch einmal zu lesen. Ein Satz federleichter als der andere.

»Was dann nachher so schön fliegt« heißt der Roman von Hilmar Klute. Er ist bei der Süddeutschen Zeitung einer der Autoren für das »Streiflicht« auf der ersten Seite. Nur ein paar Dutzend Zeilen hat ein Streiflicht, aber so gut wie immer ist es ein kleines sprachliches Juwel. Hilmar Klute hat eine Menge lesenswerter Bücher geschrieben, damals im »Quartett« ging es um jenen Roman, der im Ruhrgebiet der 80er-Jahre spielt und es auf die Bestsellerliste schaffte. Der Protagonist Volker Winterberg leistet seinen Zivildienst im Altenheim ab, schreibt Gedichte. Bei einem spontanen Anhalterausflug nach Paris gelingt ihm in einer Bar der große literarische Wurf, das Beste aus seinem Frühwerk, findet er: ein Gedicht mit dem Titel »Langstieliges Nachtleben«.

Er gewinnt die Teilnahme an einem Treffen für Nachwuchsautoren in Westberlin. Trifft den legendären Ost-Dichter Heiner Müller und Katja, eine junge Frau, die ihm später Liebesbriefe ins Ruhrgebiet schreibt. Der österreichische Lyriker Erich Fried ist einer von ein paar Nachkriegsliteraten, die im Buch ihr Fett abkriegen. Auch die Gruppe 47 nimmt sich Hilmar Klute vor, mit stillem Spott ob ihrer aufgeblasenen Wichtigkeit, mit der sich einige jener Autoren damals gerierten.

»Schwer zu sagen«, hat ein Rezensent geschrieben, »was der schönste Satz in diesem Buch ist, weil es so viele davon gibt. Hilmar Klute erkennt genau das Maß an Zierrat, das man auf einen Satz schichten darf, bevor er zusammenbricht.«

Vielleicht macht man ja den Zauber des Buches auch kaputt, wenn man, wie ich, am liebsten ein paar dieser Sätze zitieren möchte. Wie den von der Trauerweide, die ihre Frisur absichtlich ins Wasser hängen lässt, um bei den Menschen Mitleid zu erregen. Bei mir schaffen Trauerweiden das immer.

Ich lasse mich leicht zum Lesen verführen. Von Heidenreich'schen Ausrufezeichen. Von der Emphase, mit der Denis Scheck in »Druckfrisch« Bücher in den literarischen Himmel hebt oder die Höllenrampe hinunterschickt. Von Volker Weidermann, der damals im »Quartett« und heute in der ZEIT Literatur klug und mit sicherem Gespür fürs Gute empfiehlt.

Klar haben die Verlage ein Interesse daran, viele Bücher zu verkaufen. Das klappt besonders gut, wenn es positive Reaktionen gibt. Wenn bekannte Rezensenten von dem Roman angetan, im besten Fall begeistert sind. Und das auch geradeheraus sagen. Ihre Zitate kommen hinten auf den Buchdeckel, ein letzter Schubs Richtung Kasse für den noch unentschlossenen Kunden.

Aber der Begeisterung sind Grenzen gesetzt. Ein

Buchdeckel ist keine Litfaßsäule, der Platz ist begrenzt, deshalb eignet sich ein knackiger Satz am besten.

»Ein tolles Buch« wäre zum Beispiel einer.

Ist ein Westermann-Satz, in diesem Fall wurde er aus dem Zusammenhang gerissen.

Bei einem Buch, das die »Quartett«-Runde – selten genug – ausnahmslos gut fand, aus ganz unterschiedlichen Gründen. Es war ein Roman des französischen Autors Sorj Chalandon.

»Am Tag davor« spielt im Norden Frankreichs in einer Bergarbeiterstadt und ihm liegt eine wahre Geschichte zugrunde. Vor 45 Jahren, kurz nach Weihnachten, kommen in einer Zeche 42 Bergleute ums Leben. Im Mittelpunkt des Romans steht genau dieses Unglück, und ein Junge, Michel Flavent. Sein älterer Bruder Joseph ist Bergmann, die beiden leben mit der Familie nahe jener Zeche, in der das Unglück geschieht. Michel liebt seinen großen Bruder, schaut zu ihm auf, bewundert und verehrt ihn. Und lebt in der stillen Angst, dass sein Bruder es irgendwann nicht mehr schaffen könnte, aus dem Schacht nach oben zu kommen. Michel verliert seinen Bruder tatsächlich, am Tag des Unglücks ist er für die Katastrophenschicht eingeteilt. Fortan hat der Junge nur noch Vergeltung im Sinn. Er hat sich den Namen seines Bruders »in seine Eingeweide eingraviert«, so heißt es im Roman, er will ihn rächen. Den Vorarbeiter, den Steiger, will er umbringen, der die Bergleute trotz fehlender Sicherheit in den Stollen hat einfahren lassen.

Ganz vorn im Buch steht eine Widmung: »Zum Gedenken an die 42 Bergleute, die am 27. Dezember 1974 auf der Zeche Saint Amé in Liévin ums Leben gekommen sind«.

Die Tragödie hat damals die französische Nation bewegt, so viele Menschen sterben, weil die Bergbaugesellschaft bei den Sicherheitsvorschriften geschlampt hat. Aus Profitgier. Jahrzehnte später hat der Autor Chalandon einen Roman über das Unglück geschrieben. Dieses Buch lag seit dem Frühjahr in meinem Leseregal, war nicht zu übersehen.

Aber der düstere Umschlag, die grellgelben Buchstaben des Titels, das Thema Grubenunglück haben mich abgehalten, es in die Hand zu nehmen. Erst als Thea Dorn vorschlug, es für das »Quartett« zu empfehlen, habe ich es gelesen. Zum Glück. Der erste Teil ist eine Mischung aus Familiengeschichte und Kriminalroman.

Und dann der Paukenschlag, die Geschichte nimmt eine jähe, völlig unerwartete Wendung.

Es gibt sie manchmal, die Stellen in einem Buch, bei denen man denkt, man habe sich verlesen. Man liest sie ein zweites, vielleicht sogar ein drittes Mal und mag sie fast nicht glauben.

Und dann gibt es einen zweiten Teil in diesem Roman, so ganz anders als der erste, aber genauso intensiv. Irgendwann, ganz langsam, kommt die Wahrheit ans Licht. Man begreift am Ende, warum der Tag davor für die beiden Brüder so schicksalhaft war.

Der Autor Sorj Chalandon zählt zu den wichtigsten Schriftstellern der französischen Gegenwartsliteratur. Zu jener Zeit des Grubenunglücks Mitte der 70er-Jahre hat er als junger Journalist die Prozesse gegen die Grubenleitung und die Bergwerksgesellschaft verfolgt. Schon damals nahm er sich vor, ein Buch über diese Tragödie zu schreiben.

Für mich gilt in Zukunft wieder der kluge Satz: Don't judge a book by its cover. Man soll ein Buch nicht nach seinem Umschlag beurteilen.

Vier zu null im »Literarischen Quartett«, das konnte man bei der nächsten Auflage des Buches, die nach der »Quartett«-Empfehlung fällig war, hinten auf dem Buch lesen.

Der Verlag fragte an, ob er zudem Zitate der vier Quartettler auf der Buchrückseite abdrucken dürfe, von jedem eines.

Folgende wurden ausgewählt und der Runde zur Freigabe geschickt:

»Ich habe selten ein so differenziertes Buch über Schuld und Rache gelesen.«
Thea Dorn in »Das Literarische Quartett« (ZDF)

»Ein großes Buch von einer unglaublichen erzählerischen Kraft.«
Volker Weidermann in »Das Literarische Quartett« (ZDF)

»Der Roman zeigt die Brutalität des Konzepts von Gerechtigkeit, das die Rache als blinden Fleck stets in sich trägt.«
Svenja Flaßpöhler in »Das Literarische Quartett« (ZDF)

»Ein wirklich tolles Buch.«
Christine Westermann in »Das Literarische Quartett« (ZDF)

Um ehrlich zu sein, war ich ziemlich baff. Die vier ausgesuchten Zitate der »Quartett«-Runde hatten ordentlich Schräglage, fand ich. Drei, die druckreif formulieren. Eine, die das nicht tut, sondern nur ein plumpes »Ein wirklich tolles Buch« heraushaut. Das ist ebenso beliebig wie nichtssagend. Ich habe sicher mehr zu diesem Buch gesagt. Dass es womöglich schwieriger ist, das auf eine verständliche Länge zu kriegen, verstehe ich. Aber Sätze, die derart platt aus dem Zusammenhang gerissen werden, hat dieses großartige Buch nicht verdient.

So ähnlich habe ich es damals dem Verlag geschrieben. Der Pressereferent hat sich die »Quartett«-Sendung daraufhin noch mal angesehen und das Zitat geändert.

»Der Roman hat in der Mitte eine Wendung, an der man innehält, ein zweites Mal liest, und alles, was man bisher gelesen hat, erscheint in einem völlig anderen Licht. Wie Chalandon das schafft, ist toll.

Ich habe ihn leidenschaftlich gern gelesen.« Damit war ich einverstanden. Ob es in dieser Länge mit den Zitaten der drei anderen tatsächlich noch auf den Buchdeckel gepasst hat? Ich habe es nicht überprüft. Aber ich gehe mal zuversichtlich davon aus, auch weil ich den Pressereferenten des Verlags kenne und schätze.

Wenn man im Fernsehen nur lange genug regelmäßig auftaucht, gibt es Menschen, die denken, sie würden einen gut kennen, weil man schließlich ständig in ihrem Wohnzimmer erscheint. Entsprechend kumpelig und knuffig wird es, wenn sie einen auf der Straße erkennen und ansprechen.

»Mensch, Frau Westermann, die Sendung mit dem Quartett da, die kommt zwar spät, aber ich habe das Buch von dem Dings, nein, nicht der sympathische junge Mann, der in der Sendung immer anfängt, nee, nee, der andere, der neben Ihnen sitzt, wie heißt der noch gleich? Also Riller oder Miller oder so. Das Buch, das der empfohlen hat, ist wirklich klasse!«

Ich fand das Buch auch gut, das damals der Riller/Miller/Biller empfohlen hat.

Sein Titel: »1933 war ein schlimmes Jahr«.

Die Assoziationen, die man als deutscher Leser beim Jahr 1933 sofort hat, kann man getrost vergessen. Um jegliche Verwechslungen auszuschließen, ist vorn auf dem Umschlag auch noch das Foto eines berühmten amerikanischen Baseballspielers.

Die Geschichte spielt also in Amerika im Jahr 1933, in einem kleinen Nest irgendwo in Colorado mitten in der amerikanischen Wirtschaftskrise. Der 17-jährige Dominic glaubt an eine große Karriere als Baseballspieler, schließlich hat er einen phänomenalen linken Arm, und würden er und sein fantastischer Wurfarm nur endlich entdeckt, dann … Alles Quatsch, befindet der Vater, du wirst Maurer. Die Mutter hält sich raus, betet rund um die Uhr, dass alles gut werden möge. Was auch immer »gut« meint. Aber Dominic hört nicht auf zu träumen, von der großen Liebe, dem großen Erfolg, der großen Anerkennung.

Und setzt alles daran, es möglich zu machen.

Wie er das versucht, wie er seine Sehnsucht lebt, wird fröhlich, witzig und heiter erzählt, nur hin und wieder spürt man den wehmütigen, fast tragischen Unterton.

Der bekannte Schweizer Autor Alex Capus hat diesen Roman übersetzt, für ihn war es eine Herzensangelegenheit. »Als ich zwanzig war«, erzählt er im Nachwort, »war der Schriftsteller John Fante mein Held, ich wollte so schreiben wie er, leidenschaftlich und großherzig, mit rückhaltloser, roher Aufrichtigkeit.« Genau diesen Ton trifft Capus in seiner Übersetzung auch.

»1933 war ein schlimmes Jahr« ist eine große Geschichte, die sich klein macht, nur 134 Seiten hat. Mit einem Ende, das alles offenlässt. Als Leser bedauert man, dass der Schriftsteller John Fante nicht den Mut, vielleicht auch nicht die Lust hatte, die Geschichte von Dominic Molise weiterzuschreiben.

John Fante wurde 1909 in Colorado geboren, ein paar seiner Romane wurden veröffentlicht, der große Erfolg blieb aus. Fante wurde Drehbuchschreiber, heiratete eine reiche Frau, gab das Schreiben dran. Mit dem Roman »1933 war ein schlimmes Jahr« hat er es doch noch einmal versucht, da war er 54 Jahre alt. Kein Verlag wollte die Geschichte drucken, sie verschwand in Fantes Schublade, wurde erst viele Jahre später in seinem Nachlass entdeckt.

Nach seinem Tod hatte John Fante dann jenen Erfolg, der ihm im Leben versagt blieb: Er wurde mit dem PEN Award für sein Lebenswerk geehrt.

»Dafür kannst du mich nachts um drei Uhr wecken« ist so ein Westermann-Spruch, wenn ich klarmachen will, dass mir Fernseh machen leichtfällt. Klar, ich bin konzentriert, und Lampenfieber oder die Angst vor Kameras habe ich schon lange verloren. Alles andere wäre nach 50 Jahren Arbeit in Fernsehstudios auch verwunderlich. Bei der Aufzeichnung des »Literarischen Quartetts« aber habe ich stets eine gewisse Anspannung gespürt. Und die hatte etwas mit dem imposanten Drehort zu tun. Die »Quartett«-Sendungen wurden im Berliner Ensemble aufgezeichnet. Jenem Theater am Schiffbauerdamm, in dem Bertolt Brecht künstlerischer Leiter und Regisseur war, seine Stücke uraufgeführt wurden.

Die Sendung wurde am frühen Nachmittag aufgezeichnet. Ich kam am Morgen mit dem Flugzeug aus Köln, fuhr mit dem Taxi zum Berliner Ensemble. Drei Stunden Wartezeit auf die »Quartett«-Kollegen, die kurze Wege hatten, sie lebten in Berlin. Ich warte nicht gern, aber in diesem Fall hatte es durchaus Vorteile. Das Catering auf der Fensterbank war üppig, meine Chance groß, die Käsebrötchen frisch und knusprig zu erwischen, bevor sie sich schwitzend mit nach oben gebogenem Goudarand in die trostlose Mittelmäßigkeit verabschiedeten. Im Redaktionszimmer standen ein paar Stühle, ein großer Sessel und ein altes Sofa. Mit Käsebrötchen und Milchkaffee auf einem Sofa zu frühstücken ist eigentlich keine Herausforderung für mich. In diesem Fall aber schon. Es war nicht irgendein Sofa, es war das Helene-Weigel-Sofa. Helene Weigel, die Ehefrau von Bertolt Brecht, arbeitete mit ihm zusammen am Theater, war nach seinem Tod noch bis 1971 Intendantin des Berliner Ensembles. Jetzt saß ich in ihrem Zimmer, ihrem Rückzugsort, auf ihrem Ledersofa. Es war alt, verschlissen und wunderschön.

Vom Sofa aus blickte man durch ein großes Fenster auf einen Hinterhof. Und ich sah, was sie damals auch gesehen hat. Eine große Platane, die eine majestätische Ruhe ausstrahlte. Jene Hektik zu dämpfen schien, die zwischen ausrangierten Kulissen umherwuselnde Bühnenarbeiter verbreiteten. Platanen sind dafür bekannt, sehr schnell zu wachsen. Mehr als 60 Jahre Berliner Ensemble, dieser Baum muss in seiner stillen Größe schon da gewesen sein, als Helene Weigel ihr Zimmer bezog. Bis heute führen ein paar Stufen zu einer unscheinbaren Tür, der direkter Zugang in den oberen Teil des Zuschauerraums ist. Wie oft mag Helene Weigel hier gesessen haben, unbemerkt von den Schauspielern? Im BE wird oft am Vormittag geprobt, ich konnte also im Weigel-Zimmer die Stimmen der Schauspieler, die Musik, die Umbaugeräusche hören. Gedämpft, Text konnte man nicht verstehen, aber es war die Kombination von Weigel-Sofa und Brecht-Bühne, die meine Fantasie beflügelt hat. Ein einziges Mal habe ich mich getraut, jene kleine Tür zu öffnen, heimlich die Proben zu beobachten. Das hatte auf der einen Seite etwas mit Respekt zu tun. Wer bin ich, hier zu sitzen und andere bei der Arbeit zu beobachten, zu belauschen? Auf der anderen Seite spürte ich einmal mehr jene Neugier, die mich antreibt und bewegt. Die Neugier auf das Leben der anderen. Wie ist es, ein Schauspieler zu sein, auf einer Bühne zu stehen? Von einem Regisseur unterbrochen und angeranzt zu werden, weil dem etwas nicht gefällt? Wie groß die Angst vor einer Blamage, wenn man merkt, dass der Text noch nicht sitzt? Wohin mit der leichten Panik, wenn der Kollege mit dem Degen herumfuchtelt, das Ding aber nicht richtig beherrscht?

Wer ist in wen verliebt und geht abends heimlich mit ihm nach Hause? Wer wünscht wen zum Teufel? Es gibt ein großartiges Buch, das genau solche Details aus dem Innenleben einer Schauspielertruppe erzählt, und ganz nebenbei die Entstehung einer spektakulären Theaterinszenierung beschreibt.

»Sein oder Nichtsein«, ein Buch, das es beinahe nicht gegeben hätte. Weil kein Verlag das Manuskript haben wollte.

Dabei ist der Autor Klaus Pohl ein bekannter Mann: Schauspieler und Regisseur, 25 Jahre war er festes Ensemblemitglied des Wiener Burgtheaters. In seinem Roman erzählt er aus der Welt des Theaters. Und wie er das macht, ist ganz großes Kino.

Es geht um die berühmte Hamlet-Inszenierung von Peter Zadek aus dem Jahr 1999 in Straßburg.

Der Regisseur Peter Zadek – geliebt und gefürchtet. Einer, der seine Schauspieler ebenso brillant in den Himmel heben wie in die Hölle schicken konnte. In der Inszenierung von Straßburg plante Zadek eine Sensation. Eine Frau würde der Hamlet sein, die Schauspielerin Angela Winkler. Auch Klaus Pohl gehörte zum Ensemble, er spielte Hamlets Freund Horatio.

Kein Mensch interessiert sich für eine Theatergeschichte, sagten die Verlage, denen Klaus Pohl sein Manuskript anbot.

Das sei keine Theatergeschichte, widersprach Pohl, es sei ein Roman über Leidenschaft und Lust. Während der fast einjährigen Probenzeit für diesen Hamlet hatte er, der ein bisschen verknallt in Angela Winkler war, nämlich Tagebuch geschrieben. Hatte die Macken und Schrullen, aber auch die Genialität der Schauspielertruppe festgehalten: Angela Winkler, Otto Sander, Eva Mattes, Ulrich Wildgruber.

Er hatte sie ja selbst erlebt, die Gipfel und Abgründe seiner Schauspielkollegen und ihres genialen Regisseurs. Auf Hunderten von Notizzetteln hatte er diesen aberwitzigen wunderbaren Irrsinn aufgeschrieben: die trunkenen Abende, die chaotischen Proben, die Zweifel und die Selbstüberschätzung, die Tränen und das Lachen, das tägliche Drama und den ganz banalen Quatsch. Eine Truppe, die sich bei den Proben quälte, alles schon verloren gab und dann bei der Premiere so grandios miteinander spielte, als habe es nie einer Probe bedurft. Mit stiller Leidenschaft und feiner Distanz, schreibt Klaus Pohl über das Gezerre auf und hinter der Bühne.

Als kein Verlag den Roman »Sein oder Nichtsein« drucken wollte, beschloss der Autor, sein Manuskript vor Publikum zu lesen. Vier ausverkaufte Lesungen in Hamburg wurden für ein Hörbuch mitgeschnitten, fünf mitreißende Stunden. Jetzt überschlugen sich die Kritiker vor Begeisterung. Der nackte Wahnsinn hieß es, unterhaltsam, witzig, einfühlsam. Der Schauspieler und Autor Joachim Meyerhoff brachte es perfekt auf den Punkt: »Klaus Pohl hat ein Buch zum Niederknien geschrieben, und während man kniet, darf man immer weiter staunen und lachen.«

Für seinen fabelhaften Roman, den so lange keiner haben wollte, wurde Klaus Pohl mit dem Therese-Giehse-Preis ausgezeichnet.

Angela Winkler und Peter Zadek, Schauspielerin und Regisseur, haben beide auch am Berliner Ensemble gearbeitet. Durchaus denkbar, dass sie neben Helene Weigel auf dem Ledersofa saßen.

Eines Morgens war das Helene-Weigel-Ledersofa verschwunden. Ein neuer Intendant hatte es durch schlichte Polstersessel ersetzen lassen. Was hoffentlich nichts mit dem Milchkaffee und meinen Käsebrötchen zu tun hatte.

Das Helene-Weigel-Zimmer behielt seinen Namen, ein anderes bekam einen eigenen. Vielleicht nicht ganz so prominent, zumindest nicht in der Theaterszene.

Das Thomas-Gottschalk-Zimmer war ein kleiner holzgetäfelter Raum mit Blick auf einen Hinterhof mit Mülltonnen. Drei Stühle, zwei Tische. Einer zum Arbeiten, der andere für das Catering.

Als Thomas Gottschalk ins »Quartett« eingeladen wurde, bat sein Management um einen abgeschiedenen Raum, damit er sich vor der Sendung konzentrieren könne.

Thomas Gottschalk war mit seiner Autobiografie ganz oben auf der Bestsellerliste angekommen, aber das war nicht der Grund, warum man ihn eingeladen hatte. Er war auch keiner, der die großen Rezensionen für die Feuilletons der überregionalen Zeitungen schrieb. Er las, auch Bücher, war nicht auf den Mund gefallen, aber vor allem war er prominent. Perfekte »Quartett«-Besetzung. Die Redaktion hatte ihm ein paar Romane, die neu erschienen waren, vorgeschlagen. Er hatte sich für den neuen Peter Handke entschieden. Der Titel »Die Obstdiebin oder Einfache Fahrt ins Landesinnere«.

Ein Mann wird in seinem Garten beim Barfußgehen von einer Biene gestochen. Sieht das als Zeichen zum Aufbruch. Ins Landesinnere und sonst wohin. Er bricht auf, braucht aber für die paar Meter von der Haustür bis zum Gartentor schon mal gefühlte 50 Seiten.

Bei der »Obstdiebin« heißt es an einer Stelle: »Seltsam. Sehr seltsam. Ewig seltsam.« Besser könnte man die Handlung nicht zusammenfassen.

Thomas Gottschalk war angetan. Hatte nie zuvor etwas von Peter Handke gelesen und schwor, es nach der erfreulichen Erfahrung mit der »Obstdiebin« durchaus häufiger mit einem Buch von Handke zu versuchen. Das Votum: drei zu eins. Westermann dagegen. Thomas Gottschalk, der große Entertainer, dem vor nichts bange ist, im »Quartett« auf diesem Podest schien er nervös, fast ein bisschen aufgeregt. Nun hat es uns das Publikum, das bei jeder Aufzeichnung vor und links und rechts von uns saß, ohnehin nie leicht gemacht. Die Aufzeichnung fand im Spiegelsaal des Theaters statt, einem geschichtsträchtigen Raum, in dem der Glanz vergangener Epochen zu spüren war. Und dazwischen wir vier auf unserer Podestinsel in den Rettungsbootsesseln. Es war stets beängstigend still vor und während der Sendung. Kaum ein Witz zündete richtig, Applaus gab es so gut wie nie, vom Anfang und vom Ende mal abgesehen. Für die Zuschauer schien die Sendung das Allerheiligste der Literatur zu sein, die Erinnerung an den Hohepriester Reich-Ranicki war allgegenwärtig, gemeinsam saßen wir in einer Bücherkathedrale. Und in einer Kirche wird ja auch nicht geklatscht, egal was die Priester und Messdiener da vorne so alles veranstalten. So ernst und engagiert wie Thomas Gottschalk während der Sendung rüberkam, so sehr war er hinterher jener Gottschalk aus dem anderen Fernsehen, in dem man lachen und sich amüsieren durfte, was ja der Name auch schon nahelegt: Unterhaltungsfernsehen. Welches in deutlichem Gegensatz zum Bildungsfernsehen steht, wo zum Beispiel Bücher empfohlen werden.

Was mich wieder zu meinem nächsten Leben bringt, in dem ich Intendant bin und verfügen werde, dass einmal in der Woche vor der »Tagesschau« nicht die Börsennachrichten heruntergespult werden, sondern das Buch der Woche empfohlen wird. Zwei Minuten, keine Minute länger. Vorausgesetzt, es gibt in meinem nächsten Leben noch Börsennachrichten und die »Tagesschau«. Oder das Fernsehen überhaupt noch.

Gottschalk war beim Sekt nach dem »Quartett« witzig, in bester Stimmung. Setzte sich wie selbstverständlich in den großen Sessel in der Mitte des Helene-Weigel-Zimmers. Als sich die Anwesenden um ihn scharten, präsentierte er aufgedreht die besten Anekdoten aus seinem Entertainerleben und fühlte sich, so sagte er es jedenfalls, »wie Großvater, der vom Krieg erzählt«.

Ein schönes Ritual nach einem jeden »Quartett« war der Gang in die Theaterkantine, unten, gleich neben der großen Platane. Frankfurter Würstchen und Grüner Veltliner und kurz das erlösende Gefühl, es könnte alles gut gewesen sein. Auch wenn man sich nicht sicher sein konnte, ob einen die Zeitungs- und Netzkritiker wieder mal durch den Reißwolf drehen würden.

Im Herbst 2015, einen Tag vor der Aufzeichnung des »Literarischen Quartetts« 2.0, des ersten in neuer Besetzung, starb Hellmuth Karasek. Neben Marcel Reich-Ranicki Mann der ersten Stunde im legendären Original-»Quartett«. Ein begnadeter Erzähler, der sich gerne auch mal in den Niederungen der Literatur aufhielt, Witze auf Kosten großer Dichtung sehr zu schätzen wusste: Wer bröselt so spät durch die Nacht und hat Durst? Es ist das Brötchen mit seiner Wurst.

Ein Literaturkritiker, der es liebte, im Rampenlicht zu stehen. Zu »Zimmer frei« kam Hellmuth Karasek im Januar 2000, noch zu Zeiten des Reich-Ranicki-»Quartetts«.

Wie immer bei »Zimmer frei« haben wir auch zusammen gespielt. Mit Hellmuth Karasek war es literarisches Quartett, was auch sonst.

Es lief so ähnlich wie beim Autoquartett, wenn man die verschiedenen Merkmale des Wagens von der gezogenen Karte abliest, um dann zu sehen, ob der andere auf seiner Karte mehr zu bieten hat.

Karasek, Alsmann, Westermann, zu einem Quartett

braucht es vier, also saß unser Regieassistent mit am Küchentisch. Jeder bekam eine Literaten-Schriftstellerkarte. Einer gab die Kategorie vor.

Zur Auswahl standen: Regalwirkung, Erotik, erreichtes Alter, Humor, literarischer Anspruch, Werkumfang und Kontostand. Man musste also versuchen, die anderen im Punktewert, der auf der Karte stand, zu übertreffen.

Es ging los mit »Regalwirkung«:

Westermann: Georges Simenon … Regalwirkung. Drei Punkte.

Alsmann: Oh, ich habe Johannes Mario Simmel. Zwei.

Assistent: Marcel Reich-Ranicki. Regalwirkung vier.

Karasek: Hey! Heinz Konsalik. Eins.

Weiter mit »Literarischer Anspruch«:

Assistent: Albert Camus.

Literarischer Anspruch fünf.

Alsmann: Sigrid Löffler.

Literarischer Anspruch zwei.

Karasek: Günter Grass.

Literarischer Anspruch fünf.

Christine Westermann: Johann Wolfgang von Goethe.

Literarischer Anspruch sieben.

Bei der Karte »Erotik« entspann sich am Tisch ein angeregter Dialog.

Westermann: Ernest Hemingway. Erotik fünf.

Alsmann: Ich habe Christine Westermann. Erotik fünf.

Zu Hellmuth Karasek: Haben Sie Christines Buch gelesen? »Baby, wann heiratest du mich?«? Bei KiWi als Taschenbuch. Oh, das wollte ich gar nicht sagen, ist mir herausgerutscht.

Karasek: Das macht nichts, mein nächstes Buch erscheint auch bei KiWi als Taschenbuch.

Max Goldt. Erotik zwei.

Assistent: Paul Auster. Erotik vier.

Zu den spannenden Karten wie Kontostand, Werkumfang oder Humor sind wir gar nicht mehr gekommen, wir haben uns verquatscht, haben gegessen, getrunken, gelacht. »Zimmer frei« eben.

Ich hätte Hellmuth Karasek beim Stichwort Humor gern gefragt, wie gut er über sich selbst lachen kann. Und ob das auch noch geklappt hat, wenn er Dinge über sich selbst las, die andere für witzig hielten. Wie die Kollegen vom Spiegel, dessen Kulturchef er lange Jahre war: Hellmuth Karasek, so haben sie ihn in einem Artikel mal beschrieben, sieht aus wie ein unschuldig zum Tode verurteiltes Backenhörnchen auf dem Weg zum Schafott.

»Wir stehen selbst und sehn betroffen, den Vorhang zu und alle Fragen offen«: Den Brecht'schen Leitsatz hatten die Bühnenbildner des Berliner Ensembles in großen Lettern direkt an den Eingang zum Theatersaal geschrieben, unübersehbar für alle, die in eine Vorstellung kamen. Der Satz von Brecht wurde zu einem Markenzeichen von Marcel Reich-Ranicki. Mit ihm beendete er in den 80er- und 90er-Jahren jede seiner »Quartett«-Sendungen.

Offene Fragen? Für mich gibt es eine, die ich mir in den vier Jahren beim »Literarischen Quartett« hin und wieder gestellt habe. Woran lag es, dass ich die anderen im »Quartett« selten für meine Buchempfehlungen gewinnen konnte? Die Leser aber schon.

Über das Lesen und den Umgang mit Literatur hat die Autorin Virginia Woolf geschrieben: »Der einzige Rat, den man jemandem geben kann, ist ... dem eigenen Instinkt zu folgen, den eigenen Verstand zu gebrauchen und zu eigenen Schlussfolgerungen zu kommen.«

Daran haben sich alle im Quartett gehalten. Auch ich. Dieser sehr eigene Westermann-Instinkt hat mich auch dazu gebracht, den Debütroman einer in Deutschland gänzlich unbekannten finnischen Autorin vorzustellen.

»Lempi, das heißt Liebe«.

Willkommen im Kitsch, dachte ich, als ich den Titel das erste Mal las. Aber er täuscht. Und wie.

Die Geschichte spielt im Norden Finnlands gegen Ende des Zweiten Weltkriegs.

Lempi ist eine schöne junge Frau, klug und mutig. Sie hat gerade Abitur gemacht, gemeinsam mit ihrer Zwillingsschwester Sisko hilft sie im Laden des Vaters aus. Die beiden albern rum, Lempi sagt, der Nächste, der reinkommt, den küsse ich. Du traust dich nicht, sagt die Schwester. Sie wetten.

Der Erste, der in den Laden kommt, ist Viljami, ein junger Bauer. Die Wette gilt, Lempi küsst, die beiden verlieben sich blitzschnell, heiraten, das Stadtmädchen zieht auf den großen Hof. Sie verleben einen wunderschönen Sommer, aber es ist Krieg. Im Winter wird Viljami einberufen, die Finnen und Deutschen kämpfen gegen die Russen. Auf dem Hof bleiben die junge Frau und die Magd Elli zurück. Bei Kriegsende kommt Viljami auf den zerstörten Hof zurück, Lempi ist verschwunden.

Sie habe von einem jungen deutschen Offizier ein Kind bekommen, so erzählt es die Magd, sei mit dem Mann weggegangen und habe das Kind auf dem Hof zurückgelassen. Viljami ist am Boden zerstört.

Aber was ist wirklich passiert? Die Handlung wird aus drei unterschiedlichen Perspektiven erzählt:

Der junge Bauer, der seine große Liebe verloren hat. Für den das Leben sinnlos, düster und schwarz ist.

Die Magd Elli, die mit allen Mitteln versucht, den jungen Bauern für sich zu gewinnen. Die alles daransetzt, von ihm einmal so geliebt zu werden, wie er Lempi geliebt hat.

Und am Ende die Zwillingsschwester Sisko, die mit dem Abstand von Jahrzehnten ganz vorsichtig enthüllt, was damals wirklich passiert ist.

Faszinierend, wie sich aus den drei Beschreibungen ein Bild zusammensetzt.

Auch davon, was Liebe anrichten kann.

Was sie nicht kitten kann.

Was sie an Willen und Wollen freisetzt.

Es sind wie zufällig eingestreute Hinweise, manchmal nur Halbsätze, mit denen das noch unscharfe Bild Konturen bekommt, bis man allmählich das schier Unfassbare begreift.

Die Geschichte wird getragen von einer stillen Spannung, von wunderbaren Sprachbildern und am Ende bleibt man beinahe fassungslos zurück.

Die Autorin Minna Rytisalo ist in Lappland, wo auch die Geschichte ihres Romans spielt, aufgewachsen. Sie ist Finnischlehrerin, schreibt einen literarischen Blog. Lempi ist ihr Debütroman, der mit mehreren Preisen ausgezeichnet wurde und von finnischen Bloggern zum besten Roman des Jahres gewählt wurde.

Votum des Quartetts: drei dagegen, die Westermann dafür.

»Lempi, das heißt Liebe.«

In den vier »Quartett«-Jahren habe ich eine Menge gelernt. Über Menschen, über Bücher, über mich. Es war ein Wagnis. Ich habe es gemacht, auch wenn ich damals beim Croissant-Gekrümel schon ordentliche Manschetten hatte. Diese Herausforderung anzunehmen, war eine gute Entscheidung. Und aufzuhören, als es genug war, auch. Hin und wieder schaue ich mir das Quartett in neuer Besetzung an. Und verspüre eine unbestimmte Sehnsucht nach Käsebrötchen und Milchkaffee.

9

Herford grüßt Christine Westermann

Transparent, das bei einer Lesung in Herford über der Straße hing

Viersen, Sinzig, Hildesheim, Borken, Sundern, Erwitte, Taunusstein, Husum. Es sind oft die Buchhandlungen oder Volkshochschulen in kleineren Orten, die mich zu Lesungen einladen. Warum ausgerechnet da, wurde ich in einem Radiointerview mal gefragt: warum im Schützenhaus von Sundern auftreten, wenn ich auch in Berlin im Pfefferbergtheater lesen könnte? Gegenfrage: Warum nicht Sundern?

Wer in Sundern lebt, liest keine Bücher? Oder jedenfalls nicht die, die man lesen sollte? Guckt abends lieber »Let's Dance«, als die Füße stillzuhalten und der Westermann bei ihrer Lesung zuzuhören? Klein heißt, weniger attraktiv?

Klein heißt, man kommt nicht so groß raus? Ich will nicht groß rauskommen, wenn ich aus meinen Büchern lese oder die anderer Autoren empfehle. Es ist für mich mehr als attraktiv, die Begeisterung der

Zuschauer zu spüren, wenn ich ihnen an Abenden im Sommer Bücher für die Ferien, im Dezember für Weihnachten vorstelle. Wo ich lese, ist mir nicht wichtig. Etwas von meiner Leselust zu vermitteln, das zählt.

Ich habe für die Landfrauen in Nordrhein-Westfalen gelesen, die an Biertischen und Bänken in einem Zelt saßen.

In einer Kirche in Kamen, wo ich dort las, wo sonst der Pfarrer steht. Hinter mir hing Jesus am Kreuz. Bis dahin war Kamen für mich ein Autobahnkreuz, an dem sich der Verkehr endlos staute. Wenn ich heute den Namen der Stadt höre, denke ich an die Aufmerksamkeit der Menschen in den Bänken einer voll besetzten Kirche. Ich habe in Schützenhallen und im Düsseldorfer Robert-Schumann-Saal gelesen, in Hospizen und auf Kleinkunstbühnen, in Gefängnissen und Hörsälen, Buchhandlungen und Kneipen.

Klein, das bedeutet Nervosität bei den Veranstaltern, Neugier bei den Lesungsbesuchern. Und bei allen immer Freude und ein bisschen Stolz, dass jemand, den man vom Fernsehen und vom Radio kennt, zwei Stunden auf der Autobahn unterwegs ist, um bei ihnen zu lesen. Klar kommen die Leute nicht nur, weil jemand aus seinem neuen Buch liest. Sie wollen auch wissen, wie sieht die Fernsehfrau in Wirklichkeit aus? So dick wie im Fernsehen? Und nicht nur das. Sie verstellt sich nicht, ist normal, bleibt gelassen, wenn sie aus der Toilette der Schützenhalle kommt und einer Besucherin vor Schreck der Lippenstift ins Waschbecken fällt, weil sie soeben realisiert hat, dass da gerade die Westermann aus der Kabine gekommen ist. »Sind Sie es wirklich?« Ja, ich bin es wirklich und leugnen wäre auch sinnlos. »Wusste ich doch, dass Sie es sind, ich habe Sie gleich an der Stimme erkannt.«

Würde in Berlin, Hamburg, München der Bürgermeister zu meiner Lesung kommen und mich bitten, mich ins Goldene Buch der Stadt einzutragen? In Waltrop saß der Bürgermeister in der ersten Reihe. Als Gastgeschenk gab es einen Bildband und Kräuterlikör.

Der Eintrag ins Goldene Buch wird nur noch getoppt von Herford. Vor dem Lesungsort, der Kreissparkasse, hatte die Geschäftsleitung ein riesiges Transparent quer über die Straße spannen lassen mit der frohen Botschaft: Herford grüßt Christine Westermann!

Ich ärgere mich noch immer, dass ich es nicht fotografiert habe.

Natürlich bekommt jeder, der sich als Herforder zu erkennen gibt, diese Geschichte zu hören. Auch der Schauspieler Edgar Selge hat es erfahren und ich hatte den Eindruck, dass er sich ein bisschen mitgefreut hat, schließlich kennt er Herford wie seine Westentasche, er ist dort aufgewachsen.

Anlass für unser Gespräch war sein gerade erschienenes Buch »Hast du uns endlich gefunden«, in dem er sich beeindruckend offen und berührend an seine Kindheit und Jugend in Herford erinnert: Auf der Speisekarte nur von der oberen Hälfte bestellen. Dort, wo es billig ist. Schließlich, sagt der Vater, muss man in der Nachkriegszeit die Kröten zusammenhalten. Eines Tages, denkt der kleine Edgar, möchte ich euch zum Essen einladen. Zu Spargel *und* Kalbssteak. Und nicht nur zu Kalbssteak *oder* Spargel. Wird er bestimmt irgendwann gemacht haben, inzwischen ist der große Edgar Selge 73 Jahre alt. Im Herzen ein Kind der Nachkriegszeit, aufgewachsen mit dem kleinen Bruder Andreas und den beiden großen Werner und Martin, die schon gleichberechtigt mit am Tisch sitzen und den Vater politisch auseinandernehmen wegen seiner Nazivergangenheit. Als Nazi will der gar nicht rüberkommen, aber sein ganzes Denk- und Sprachgebäude, schreibt Selge, ist in dieser Zeit errichtet worden und so schnell findet er kein anderes. Er ist Gefängnisdirektor in Herford, ein leidenschaftlicher Musiker, der Hauskonzerte für die Gefangenen gibt, stets sind es Violinsonaten, Mozart, Händel, Beethoven. Ein Vater, sanft und empfänglich für Musik, der seinen Sohn windelweich prügelt, wenn der Junge nicht so funktioniert, wie er sich das vorstellt. Der mit Ohrfeigen die Welt besser machen muss. Der Sohn, der sich für seinen Prügelvater schämt. Keiner sein will, der den liebt, der ihn schlägt. Und es dennoch tut.

Was für eine Geschichte, was für ein Buch. Auf jeder dritten Seite ein Eselsohr, weil ich mir Stellen und Sätze angekreuzt habe, die ich unbedingt drinhaben wollte in meiner Buchempfehlung. Wird nicht funktionieren, weil Edgar Selge seitenweise Sätze raushaut, bei denen man das Buch sinken lässt, damit sie sich setzen können. Wie den über Liebe: »Liebe ist Sehnsucht, nicht Erfüllung. Das wollen die Menschen nicht glauben. Weil sie Verbraucher sind.« Edgar Selge hat vor der Schauspielschule klassisches Klavier studiert. Als Kind war er nur ein mittelmäßiger Spieler, aber alle dachten, der kann was. Er aber hat einfach nur so getan, als ob. Guter Schauspieler schon damals.

Auch das Schwere beschreibt Selge fast mit leichter Hand, mit Witz, mit Ironie, er hat eine ganz eigene Sprachmelodie. Selge hat das Buch seinen Brüdern gewidmet, warum, wird man beim Lesen sofort verstehen.

Erzählt Edgar Selge aus seinem Leben? Hat er als Junge Geld geklaut? Hat ihn der Vater tatsächlich sexuell bedrängt, als Gefängnischef ehemalige Obernazis bevorzugt behandelt? Die Antwort gibt Selge selbst: »Eine Erinnerung ist noch keine Erzählung. Soll sie das werden, beginnt die Fiktion.«

Ich bin Jahrgang 1948 wie Edgar Selge, durfte auf der Speisekarte als Kind auch nur von der oberen Hälfte bestellen. Aber ich würde dieses Buch unbedingt auch jenen empfehlen, die erst in diesem Jahrhundert geboren wurden. Und denen davor sowieso.

Zauberberg (V):
Ich habe den Überblick verloren.

Der Roman weitet sich allmählich zu einer unendlichen Geschichte aus. Eine mit diesem Titel hat schon ein anderer geschrieben. Und bei Michael Ende hat sie nur erfreuliche 408 Seiten, nicht mal die Hälfte des Umfangs, den Thomas Mann für seine Sanatoriumsgeschichte braucht. Wer nicht lesen will, muss hören.

Ich wollte es mir leichter machen und habe das Hörbuch gekauft. Der Zauberberg, gelesen von dem großartigen Schauspieler Gert Westphal.

Leichter machen?

Es kommt eine Kassette mit 15 Cds.

Länge: 19 ½ Stunden.

In Worten: neunzehneinhalb.

Am Ende meiner Ausbildung an der Journalistenschule in München war ich Anfang 20, hatte keine Vorstellung, wie mein beruflicher Weg aussehen könnte. Auch als ich wenig später noch ein Volontariat beim ZDF absolvierte, dabei in unterschiedlichen Redaktionen arbeitete, Kultur, Politik, Unterhaltung, hatte ich keinen richtigen Plan.

Ich habe damals einmal in der Woche die ZDF-»Drehscheibe« moderiert, hätte bei Rotlicht der Kamera am liebsten das Weite gesucht. Nach einer meiner ersten Livesendungen hat mir ein Kollege und väterlicher Freund einen kleinen Zettel auf den Schreibtisch gelegt. Er hat nur wenige Worte geschrieben: »Die Kamera meint es gut mit dir.«

Erst viele Jahre später, als mir Kameras mitsamt ihrem Rotlicht schon lange keine Angst mehr einjagen konnten, habe ich besser verstanden, was er meinte. Dass ich mich nicht verstellen musste im Fernsehen. Es auch gar nicht konnte. Ich war einfach Christine Westermann. Nicht mehr, nicht weniger. Das konnte man als Zuschauer mögen oder auch nicht.

»Du machst den Bildschirm voll«, hat mir der gute Freund später noch mit auf den Weg gegeben. Dass der Weg mich irgendwann zu Büchern führen könnte, dass es mir gelingen würde, Menschen für Bücher zu interessieren, das habe ich nie angestrebt. Ich hatte nicht mal eine Ahnung, dass ich es mögen könnte.

Der Journalist und Autor Axel Hacke hat ein feines Buch über die Irrungen und Wirrungen in einem Menschenleben geschrieben. Was es braucht, bis einem allmählich klar wird, wer man ist. Und warum sich diese Erkenntnis meist erst einstellt, wenn der Mensch schon auf der Zielgeraden ist, also nicht mehr allzu viel vom Leben übrig ist.

»Wozu wir da sind« heißt das Buch, in dessen Mittelpunkt Walter Wemut steht. Nicht wie »Wehmut« mit h, sondern ohne. Dabei würde »Wehmut« mit h prima passen. Denn Walter Wemut schreibt Nachrufe, hat eine eigene Seite in der Zeitung. Name der Rubrik: »Die Toten der Woche«. Und dann das: Er soll etwas schreiben über eine, die noch lebt. Eine Freundin, die fröhlich ihren 80. feiert.

Axel Hacke, der in Walter Wemut steckt, hat mit über 60 schon eine Menge Leben hinter sich. In diesem Buch spürt er dem Erlebten nach, sinnt darüber nach, wann ein Leben gelungen ist. Was es braucht zum Glücklichsein. Was das überhaupt ist: Glück. Hört sich jetzt an, als habe da jemand einen dieser dösigen unseligen Ratgeber fabriziert, die einem nachsichtig bescheinigen, dass man ja wohl bisher in seinem Leben alles falsch gemacht hat. Um danach gönnerhaft darzulegen, wie es ruckzuck besser laufen könnte. Hackes neues Buch hat nichts davon. Wozu wir da sind? Diese jahrtausendealte Frage beantwortet er klar und schnörkellos, kein bisschen gespreizt oder wichtigtuerisch. Und auch nur für sich.

Könnte doch sein, schreibt er, dass wir dazu da sind, uns zu entwickeln, zu lernen, dass man nicht der bleibt, der man ist. Oder dass man der wird, der man sein könnte. Oder zu dem kommt, was man eigentlich ist, aber nicht sein konnte.

Axel Hacke ist immer mitten im Leben. In seinem eigenen und auch im Leben der anderen. Verpackt seine feinen Sätze in persönliche Geschichten. Erinnert sich an Freunde. An Ben zum Beispiel, der sich das Leben nahm. An Schlüter, der sich aufrappelte. Erzählt von

Zeitungsverkäufern und von seinem Friseur, dem Philosophen mit der Schere. All das mit einem sehr eigenen Humor, den man manchmal erst merkt, wenn er schon um die Ecke verschwunden ist. Axel Hacke hat ein Buch geschrieben, dessen Haltbarkeitsdatum unbegrenzt ist.

Man ist damit beschäftigt zu leben und während man es tut, verändert man sich. Bleibt nicht der, der man war. Und manchmal hat man Glück und wird der, der man sein könnte.

Ich glaube, genau das ist mir passiert. Zufriedenheit ist vielleicht das Zauberwort. Ich spüre, wie ich Frieden mit der mache, die ich geworden bin.

»Man hat Glück« habe ich eben so hingeschrieben. Als ob sie nichts mit einem selbst zu tun hätte, die Sache mit dem Glück. Als ergäbe sie sich aus heiterem Himmel, als wäre sie gottgegeben. Mag sein, dass er da oben ein Auge darauf hat. Aber ich schätze mal, er ist ein stiller Beobachter, der sieht, wie man rumwurschtelt. Aber schon weiß, das kriegt sie hin. Dauert halt. Manchmal hilft es, sich zurückzubesinnen auf ausgeleierte Redewendungen, die man in jungen Jahren achtlos abgetan hat. »Jeder ist seines Glückes Schmied«. Stimmt.

Man kann es beeinflussen, denn Glück ist etwas sehr Persönliches, und es ist immer eine Momentaufnahme. Es dauert eine Weile, bis man das verstanden hat. Der Journalist Robert Kisch, der in Wahrheit Günther Eckert heißt, hat ein Buch vom Glück geschrieben. Er beginnt seinen Roman mit dem Unglück, das man erleben muss, damit man irgendwann versteht, was Glück wirklich meint.

Eckert war gut bezahlter Talkshowredakteur bei einem Fernsehsender, wurde irgendwann arbeitslos. In einem Möbelhaus fand er einen Aushilfsjob, schrieb über die Verkaufsmethoden ein Buch, das zum Bestseller wurde. Nachdem das Buch erschienen war, feuerte ihn das Möbelhaus. Gekündigt, geschieden, keine Kohle, Existenzangst. Es gibt da noch den kleinen Sohn des Journalisten, der hundert Kilometer entfernt bei der Mutter wohnt. Wird er ihn noch regelmäßig sehen können, wenn das Geld für ein Auto oder eine Fahrkarte nicht mehr reicht?

In dieser Zeit der Angst und der Traurigkeit entdeckt er das Gehen. Das Gehen, nicht das hektische, sondern das aufmerksame Gehen. Es blockiert das Grübeln, stellt er fest. Und während er geht, fragt er sich, was wirklich wichtig ist im Leben. In seinem Leben.

Der Journalist Robert Kisch trifft Menschen, die ihm erklären sollen, was Glück ist. Wie man es findet. Jeder, dem er begegnet, tut das auf seine Art. Die emotionale, die hochwissenschaftliche, die persönliche, die esoterische. Er trifft einen Psychiater, eine Zenlehrerin, einen Unternehmensberater, eine Hospizmitarbeiterin, einen ehemaligen Flüchtling. Am Ende, heißt es im Klappentext, findet er das, was er schon verloren glaubte: Sinn und Frieden. Frieden mit sich selbst.

Dieses Buch hat mir eine Menge Glück gebracht.

Glück, weil ich einmal mehr daran erinnert wurde, dass es gilt, in der Gegenwart zu leben. Nicht in der Vergangenheit oder in der Zukunft. Nicht in dem, was war, oder in dem, was sein könnte, sein sollte, sein müsste.

Nein, dieses Buch hat kein Esoteriker geschrieben, es ist nicht vollgestopft mit Worthülsen vom Hier und Jetzt oder sinnentleerten Achtsamkeitsfloskeln. Hier schreibt einer, der nicht wusste, wo es langgeht, und sich allmählich vorgetastet und zurechtgefunden hat. Dem man als Leser dabei gern und bereitwillig folgt. Das Buch »Glück« ist wie eine Überdosis Erkenntnis. Auch deshalb habe ich es sehr behutsam gelesen, immer wieder beiseitegelegt, damit sich die starken Sätze, die es hat, auch wirklich setzen konnten.

Das Leben eben: Glück und Unglück, Hoffnung und Verzweiflung, Trauer und Tod, Liebe in all ihren Varianten wie Lüge, Eifersucht, (Selbst-)Betrug.

Ohne dass ich es bewusst wahrgenommen hätte, sind es in meinem Leben Bücher gewesen, die mir geholfen haben, mich neu zu justieren. Geschichten von Menschen zu lesen, die seelisch abzustürzen drohten und ins Gleichgewicht zurückgefunden haben.

»Zum Glücklichsein braucht man Mut«, heißt es in dem Roman der französischen Schriftstellerin Géraldine Dalban-Moreynas.

Und mutig sind die beiden Hauptfiguren, als sie sich Hals über Kopf ineinander verlieben. Hals über Kopf, weil sie schon ein anderes Leben haben, als es passiert. Sie ist erfolgreiche Journalistin, 30 Jahre alt, mit ebenso erfolgreichem Freund.

Die beiden wollen im Sommer heiraten. Haben ein schickes Loft in einem hippen Viertel von Paris gemietet. Im Stockwerk über ihnen zieht gerade eine Familie ein.

Er ist ein gut aussehender Geschäftsmann, 30 Jahre alt, verheiratet, kleine Tochter. Der Geschäftsmann und die Journalistin begegnen sich vor dem Haus. Ihr bleibt fast das Herz stehen. Ihm auch, wie er später erzählt.

Für den ersten Eindruck gibt es keine zweite Chance, sagt man, oder? Und der erste Eindruck: Das ist die Frau, die ich immer wollte. Das ist der Mann, den ich immer wollte.

Sie beginnen eine furiose Liebesgeschichte, lügen und betrügen ihre Partner, ihre Freunde. Sie können nicht voneinander lassen, aber sie können sich auch nicht entschließen, sich ganz aufeinander einzulassen. Ihr bisheriges Leben zu beenden, ein neues, gemeinsames anzufangen. Er jedenfalls kann das nicht. Obwohl er es immer wieder verspricht.

Die ewig alte Geschichte? Mann verspricht, ich verlasse meine Frau, aber nichts passiert?

Ja, sie ähnelt dem, was man kennt. Aus Romanen und aus dem richtigen Leben, vielleicht sogar dem eigenen.

Aber selten wurde sie so grandios, so anders und

neu erzählt. So nervenaufreibend, liebevoll, erotisch, federleicht und abgründig tief. Und doch so klar, fast analytisch. Als würde jemand von außen beobachten, was die beiden Menschen sich antun. Ihre gemeinsamen Monate, Wochen, Tage, Stunden werden runtergezählt wie bei einem Countdown. Und am Ende die Gewissheit, die der Buchtitel schon nahelegt: »An Liebe stirbst du nicht«. Der Roman hat nicht mal 200 Seiten und fast am Ende steht ein bemerkenswerter Satz über das Sich-ineinander-Verlieben: »Es gibt Geschichten, deren Anfang man sich am Ende nicht vorstellen kann.«

Wenn man das Buch gelesen hat und dabei vielleicht auch auf sein eigenes Leben und Lieben guckt, weiß man, wie weise und wahr dieser Satz ist.

Ich hätte nie gedacht, dass meine eigene Vater-Tochter-Geschichte ein so jähes Ende nehmen könnte. Als ich vor einiger Zeit ein Buch über das Abschiednehmen geschrieben habe, ist mir klar geworden, dass jener emotionale Kraftakt, die Erfahrung, einen geliebten Menschen sehr früh zu verlieren, mich das Loslassen gelehrt hat. Besser selbst verlassen, als verlassen zu werden?

Ich habe in meinem Leben oft losgelassen. Dinge, aber auch Menschen. Nichts, worauf ich stolz wäre. Manchmal hat es ganz wenig gebraucht, damit ein Funke des Begehrens, die Lust auf Abenteuer, auf einen aufregenden neuen Anfang überspringen konnte.

Es gibt ein Buch, in dem genau dieser Moment beschrieben wird. Für mich ist es beim Wiederlesen noch immer so, als wäre ich in Frankreich, würde an diesem Bistrotisch in Lille sitzen. Wie die 40-jährige Emma. Sie ist schon lange und glücklich mit Olivier verheiratet. Glücklich, denn da sind drei tolle Kinder, genug Geld, um sich auf der Sonnenseite des Lebens zu fühlen. Als Emma eines Tages in der Mittagspause in einem Bistro sitzt, sieht sie einen Mann. Er sitzt irgendwo am Nebentisch, wischt sich mit seiner Serviette vorsichtig den Mund ab. Hebt den Blick, ihre Augen treffen sich. Drei Wochen lang wird Emma jeden Mittag in dieses Bistro gehen, genau wie er, wie Alexandre. Sie werden nur wenige Sätze wechseln, sich nur einmal kurz mit den Fingerspitzen berühren. Und das genügt für den Entschluss, alles aufzugeben, was sie haben. Sie ihre Kinder, ihren Mann, genau wie er seine Ehe. Sie werden sich am Bahnhof treffen, wegfahren, gemeinsam etwas Neues beginnen.

Emma ist die Erste am Bahnhof. Sie wartet.

Ein Buch, das ich allen ans Herz lege, die Sehnsucht haben. Traurig sind.

Die die kleine oder große Wende im Leben herbeisehnen. Die warten, aber nicht wissen, worauf. Vielleicht auf so einen Moment, wenn sich jemand wie Alexandre mit einer Serviette den Mund abwischt und aufschaut. Und man sich sofort und bedingungslos verliebt. Verliebt auch in das Verlangen, begehrt zu werden.

Diese Geschichte von Emma und Alexandre, von den verlassenen Kindern, dem Ehemann entwickelt von der ersten Seite an einen schier unglaublichen Sog. Man spürt all die Emotionen fast körperlich. Ja, man darf, wenn man dieses Buch empfiehlt, wirklich nur von den ersten Seiten erzählen. Bis zu jener Stelle, an der Emma auf Alexandre wartet. Was dann kommt, ist eine unglaublich intensive Geschichte, die allerdings am Ende – und das ist ein bisschen schade – haarscharf am Kitsch vorbeischrammt. Auf diesen letzten Seiten unangenehm rührselig daherkommt wie auch schon der Titel des Romans: »Das Leuchten in mir«.

Es gibt ganz hinten im Buch eine Danksagung des Autors Grégoire Delacourt an seine Kinder. Wenn man sie liest, wird man den Eindruck nicht los, dass er diese Geschichte nicht einfach nur erfunden hat. Dass sie womöglich mitten in seinem eigenen Leben spielte. Aber vielleicht habe ich ja auch nur eine blühende Fantasie.

10

Man muss über Leute schreiben, die den Leser berühren. Sie müssen den Leser etwas angehen.

John Irving

Während ich dieses Buch schreibe, ertappe ich mich bei dem Gedanken, wie es sein wird, wenn ich mit diesem Buch auf Lesereise gehe. Vor einem Publikum aus dem eigenen Buch zu lesen, ist für mich wie eine Belohnung. Jede einzelne Lesung ist ein kleines Geschenk. Welche Kapitel werde ich vor Publikum lesen? Wie werden die Menschen reagieren? An jenen Stellen lachen, an denen ich es ziemlich sicher erwarten kann? Wann wird es mucksmäuschenstill im Saal?

Ich habe vor ein paar Jahren ein Buch über Abschiede geschrieben. Zumeist über leichte wie meine zähe, aber irgendwann nicht mehr aufzuhaltende Trennung von Kleidergröße 42. Über schmerzhafte Abschiede im Beruf. Und natürlich auch über die vom Leben. Habe über den Tod einer guten Freundin nachgedacht, über den Tod meines Vaters. Bei allen Lesungen habe ich die Unsicherheit des Publikums gespürt. Darf ich jetzt klatschen, wenn es ums Sterben geht? Will ich das überhaupt? Ist Schweigen nicht die angemessenere Form des Beifalls, der Zustimmung? Gleich bei der Begrüßung habe ich deshalb jedes Mal eine Art Lesungs-Gebrauchsanweisung gegeben. Klatschen Sie, wenn Ihnen danach ist.

Wenn Sie etwas bewegt oder gerührt hat. Oder Ihnen etwas gefallen hat. Und wenn Sie Ihr Gefühl lieber für sich behalten wollen, auch einverstanden. Sie können applaudieren, Sie müssen nicht.

Am Ende der Lesungen mit dem Abschiedsbuch gab es überraschende Reaktionen. Zuschauerinnen, die verwundert waren, dass Abschied nehmen auch federleicht sein kann. »Meine Freundin hat mich überredet mitzukommen«, erzählt mir beim Signieren eine Frau. »Wissen Sie, ich habe meinen Mann vor einem Jahr verloren. Ich dachte, das könnte ich nicht aushalten, wenn mir jetzt jemand vom Tod und vom Abschied erzählt. Ich habe vorhin zwar ein bisschen geweint, aber es war trotzdem gut, ich bin froh, dass ich gekommen bin.«

Kein Mensch kann den anderen von seinem Leid befreien. Aber er kann ihm Mut machen, das Leid zu tragen.

Ein Satz der schwedischen Schriftstellerin Selma Lagerlöf. Und damit beginnt die Autorin Melanie Garanin ihr Buch über »NILS«.

Die Gänse, mit denen Nils Holgersson im berühmtesten Buch von Selma Lagerlöf davonfliegt, findet der kleine Nils ganz toll.

Nils ist das jüngste von vier Kindern der Familie Garanin. Als er krank wird, ist er zwei Jahre alt. Diagnose Leukämie. Als er auch noch heftige Bauchschmerzen bekommt, kümmert das die Ärzte nicht weiter, was Schlechtes gegessen, heißt es. Wenig später stirbt Nils völlig unerwartet an einer Bauchspeicheldrüsenentzündung.

Da ist er drei Jahre alt. Er stirbt, weil die Ärzte diese Entzündung nicht ernst genommen, nicht erkannt, Fehler gemacht haben. Ein Gutachter bestätigt das später.

Melanie Garanin hat das kurze Leben des kleinen Jungen in Zeichnungen festgehalten, hat seine Geschichte und die seiner Familie dazwischengepackt. Melanie Garanin kann das so nah und so persönlich und so gut wie keine andere. Sie ist Nils' Mutter, sie ist Zeichnerin und sie schreibt Kinderbücher.

»NILS«, das Buch trägt den Namen ihres Sohnes. Vorne auf dem Buchdeckel steht ein mutiger kleiner Gänserich mit Ritterhelm und Laserschwert, bereit, es mit den Bösen in der Welt aufzunehmen. Darunter die Zeile:

»Von Tod und Wut. Und von Mut.«

Dem Mut der Familie auszuhalten, was so unfassbar schmerzlich endet. Und so vielversprechend und fröhlich begann. Kleiner Stern, so haben die älteren Geschwister den kleinen Bruder bei seiner Geburt genannt.

Das Buch erzählt die unendlich traurige Geschichte vom sinnlosen Tod eines kleinen Jungen. Dennoch ist sie voller Leben, voll mutiger Zuversicht.

Wie Melanie Garanin zeichnet und wie sie schreibt, berührt ganz tief drinnen.

Über der ganzen pechschwarzen Traurigkeit, die einem das Herz schwer macht, liegt trotz allem ein zartes Leuchten. So hell und zuversichtlich, wie eben nur ein kleiner Stern leuchten kann.

Ob ich ihr eine besondere Widmung ins Buch schreiben könne, fragt eine Leserin. Sie wolle es einer Freundin schenken, die gerade sehr traurig sei, weil deren Bruder im Sterben liege. Sie möchte eine Widmung, sorgt sich, sie könne nicht die richtigen, die tröstenden Worte finden. Die Bitte, das für sie zu übernehmen, ich könne das bestimmt, ich habe doch jetzt ein Buch darüber geschrieben.

Nein, das wird nicht gehen, sage ich. Es ist Ihre Freundin, Sie sind so viel näher dran. Sie werden die richtigen Worte finden, da bin ich sicher.

Und habe ihr und der unbekannten Freundin noch ein Buch empfohlen, das den Tod sogar im Titel trägt. Dabei erzählt der Roman von Thees Uhlmann mit großer Zuneigung und stiller Hingabe vor allem über das Leben.

Gleich die ersten paar Zeilen haben mich zu diesem Buch hingezogen:

»Es klingelte an der Tür, und im Treppenhaus roch es nach frisch gebrühtem Kaffee.« Und dann kommt eine großartige Erklärung, warum das gar nicht stimmt, aber trotzdem schön ist. Der Autor Thees Uhlmann schlägt viele solcher Haken, baut Brücken, die ins Nichts führen, aber jeder einzelne dieser Irr- und Umwege ist großartig ausgedacht und zieht einen in diese fabelhaft erzählte Geschichte.

In »Sophia, der Tod und ich« spielt ein sympathischer Mann die Hauptrolle. Es klingelt also an der Tür, und als er sie öffnet, steht draußen einer, der sagt: Guten Tag, ich bin der Tod und Sie müssen jetzt mitkommen.

Dann pack ich nur noch schnell meine Sachen, sagt der nette Mann, aber das findet der Tod nicht witzig, er meint es ernst, das mit dem Sterben. Drei Minuten hat der nette Mann Zeit, dann ist Ende. Aber ist es dann doch nicht, denn als es gerade anfängt, im Körper zu prickeln, und es mit dem Sterben losgehen soll, klingelt es wieder und Sophia, die Ex-Freundin des netten Mannes, steht vor der Tür. Vom Tod gibt es deshalb eine Galgenfrist, noch 48 Stunden, dann muss aber wirklich Schluss sein. Der Tod, Sophia und der Mann machen sich gemeinsam auf den Weg zu Johnny, seinem kleinen Sohn, den er schon so lange nicht mehr gesehen hat, und zur Oma des Jungen. Und damit startet eine unglaubliche Geschichte. Sie geht nicht wirklich happy zu Ende, aber dennoch wäre es einfach nur schön, wenn sie wahr wäre.

Zwischendrin ist sie immer mal wieder so abgedreht, dass man das Gefühl hat, man sei in einem Fantasyfilm. Ich langweile mich zu Tode bei Fantasyfilmen, aber dieses Buch mag ich sehr. Es ist eines, das bei mir jetzt voller Eselsohren ist, weil es so viele Stellen gibt, die ich gern noch einmal lesen möchte. Weil die Dialoge zum Niederknien gut sind. Weil das Buch Fragen stellt, von denen man sich wünscht, es würde sie endlich mal einer beantworten.

»Kunst und Kultur«, hat Thees Uhlmann in einem Interview gesagt, »haben dazu da zu sein, dass es den Menschen besser geht«.

Mit diesem Buch geht es einem besser, ganz sicher.

Ich habe nie erfahren, ob jenes Buch von Thees Uhlmann die Freundin der Besucherin getröstet hat. Musste ich auch nicht, ich bin überzeugt davon.

»Haben Sie schon einmal gemeint, Sie müssten sterben, und was ist Ihnen dabei aufgefallen?«

Schon lange begleitet mich der Schriftsteller Max Frisch mit seinen berühmten Tagebüchern und den darin enthaltenen Fragebogen. Fragen, die er sich und den Lesern zu allen möglichen Themen stellt: Freundschaft, Ehe, Geld, Heimat, Tod, Liebe.

Fragen, denen man nur schwer entkommen kann, denn bis heute treffen sie einen Nerv. Zum Beispiel jenen zum Thema Geld:

»Wenn Sie einen Menschen in der Badehose treffen und nichts von seinen Lebensverhältnissen wissen: Woran erkennen Sie nach einigen Gesprächen (nicht über Geld) trotz allem den Reichen?«

Die Fragebogen von Max Frisch stammen aus dem »Tagebuch 1966–1971«. Aus einer Zeit, als Intellektuelle und Politiker sich grollend gegenüberstanden. Mehr als 20 Jahre später, 1987, hat der Ostberliner Verlag »Volk und Welt« die Frisch-Fragen aus dem Kontext des Tagebuchs gelöst. Sie gesondert herausgebracht. Nicht viel größer als eine Streichholzschachtel war das Büchlein, damals eine Art Neujahrsgeschenk. Max Frisch war entzückt.

Seit fast 30 Jahren erscheinen die Fragebogen im Suhrkamp Verlag, jetzt wurde die Ausgabe um drei Themen ergänzt. Moral, Technik und Alkohol.

Und beim Thema Alkohol wird klar, wie schonungslos Frisch anspricht, was jahrhundertelang gesellschaftlich gebilligt wurde.

Beispiel: »Wie erklären Sie es sich, dass fast alle, die von einem Besäufnis berichten, sofort bemüht sind, eine lustige Geschichte daraus zu machen?«

Oder:

»Was verdrießt Sie am anderen Tag: dass Sie gesagt haben, was Sie nie sagen wollten, oder dass Sie nicht mehr wissen, was Sie gesagt haben, oder die Zerstörung der Hirnzellen?«

Fragen zu stellen, ist das eine, sie zu beantworten, das andere. Max Frisch war dazu nicht bereit.

Hinterhältig seien seine Fragen, hat er in einem Interview Mitte der 70er-Jahre gesagt. Fragen, die er selbst nie beantworten werde und die er nur gestellt habe, um auf die Themen aufmerksam zu machen.

Ein Buch, das man nur schwer allein lesen mag.

Man will instinktiv sofort jemanden finden, dem man die Fragen stellen kann. In der heimlichen Hoffnung, dass sie ihn komplett aus dem Takt bringen. Ich habe selten witzigere und gleichzeitig leidenschaftlichere Tischrunden mit Freunden erlebt, als wenn man eine Frisch-Frage in die Runde platzen lässt.

Sie zwingen zu einer klaren Antwort, die oft genug einem Bekenntnis gleichkommt. Herumeiern ausgeschlossen. Und meist ist man bei den Antworten von sich selbst überrascht.

»Lieben Sie jemanden?«

Zu einfach die Frage?

Nicht mehr, wenn die Nachfrage kommt, die unbedingt dazugehört:

»Wenn ja, woraus schließen Sie das?«

Der Mann, den ich liebe, bleibt gleich, meine Antwort, woraus ich das schließe, ist jedes Mal eine andere.

»Wenn Sie an Verstorbene denken: Wünschten Sie, dass der Verstorbene zu Ihnen spricht, oder möchten Sie lieber dem Verstorbenen noch etwas sagen?«

Meinem Vater möchte ich liebend gern noch einmal zuhören.

11

Wenn es nur überall so nett wäre wie bei Ihnen.

Axel Hacke nach einer Lesung in Menden/Sauerland

Wenn einer eine (Lese-)Reise macht, dann kann er was erzählen. Von nervösen Veranstaltern, die praktisch schon an der Autobahnausfahrt stehen, weil sie fürchten, man könne sich verirren. Von frauenbewegten Buchhändlerinnen mit Doppelnamen, von warmem Mineralwasser und Bastkörbchen in der Garderobe, bis obenhin voll mit Müsliriegeln und Kinderschokolade. Dass die Westermann da war, könnte man sofort daran merken, dass die quadratischen schwarz-weißen Kokos-Haribos fehlen. Manchmal ist es mir ein bisschen unangenehm, wenn ich die Handtasche aufmache, um für das Signieren den Kugelschreiber herauszuholen. Jeder, der reinguckt, könnte sehen, dass ich auch Knoppers und Hanuta habe mitgehen lassen.

Dass man was hat, wenn mal was ist.

Bevor der Autor oder die Autorin auf die Bühne geht, wird er oder sie angekündigt. Und ich werde dabei immer mal wieder an eine Zeit erinnert, die mir vorkommt, als gehöre sie in ein anderes Leben. Christine Westermann, bekannt aus Funk und Fernsehen, ich kenne sie noch aus der ZDF-»Drehscheibe«, sagt der freundliche Veranstalter oben auf der Bühne. Und ich stehe unten vor der Bühne und denke: Da warst du doch höchstens vier, da durftest du doch noch gar nicht fernsehen. Doch, durfte er. Nach der ZDF-»Drehscheibe« kam in den 70er-Jahren »Dick und Doof«, und dann gab es von Mutti sicher auch noch einen kleinen Obstteller dazu, weil Duplo noch nicht erfunden war. Auf der Bühne sitze ich an einem großen Tisch mit Tischdecke. Hat meine Agentur so bestellt. Damit meine Füße und Beine unsichtbar bleiben und ich auch mal heimlich die Schuhe ausziehen kann, ohne dass es das Publikum vom Zuhören ablenkt. Nach einer Lesung kommt das Signieren. Oft fühlen sich die Menschen nervös, sie haben auf der Veranstaltung das Buch gekauft, gleich stehen sie ganz dicht vor der Frau, die sie eben oben auf der Bühne gesehen haben. Und wenn ich frage, was soll ich reinschreiben in ihr neues (Westermann-)Buch, werden sie verlegen.

Schreiben Sie rein, was Sie wollen, Ihnen fällt doch bestimmt was ein. Das allerdings ist eine ziemliche Herausforderung nach zwei Stunden Konzentration auf einer Lesungsbühne. Ein herzlicher Gruß muss reichen. Mein Name verwandelt sich im Laufe der Signierstunde in die Unterschrift eines gehetzten Orthopäden, der bereits Dutzende von Rezepten unterschrieben hat und statt einer Unterschrift nur noch

Hieroglyphen zustande bringt. Manchmal bin ich verwegen, kündige zu Beginn der Lesung an, ich würde alles signieren. Eintrittskarten, Oberhemden, Unterarme. Das mit den Unterarmen passiert ab und zu, auf Oberhemden warte ich noch. Wenn ich besonders gut drauf bin, verspreche ich, auch etwas zu malen, wenn das gekaufte Buch ein Geschenk sein soll. Eine Kerze, wenn es zum Geburtstag ist. Einen Weihnachtsbaum, wenn die Lesung in den Dezember fällt. Wer mich aus »Zimmer frei« kennt, weiß um die warnende Botschaft, die sich dahinter versteckt: Ich kann in etwa so gut zeichnen, wie ich singe. Einmal überreichte mir ein Mann beim Signieren einen kleinen Erzählband von Thommie Bayer. Das Büchlein war 30 Jahre alt, lange erschienen, bevor er mit »Das Aquarium« den ersten von zahlreichen Bestsellern schrieb. In dieses Buch, bat mich der Mann, möge ich doch bitte meinen Namen hineinschreiben. Er wolle es Thommie Bayer schicken, er sei vor ein paar Wochen auf einer seiner Lesungen gewesen. Ungewöhnlicher Signierwunsch, um es mal vorsichtig zu formulieren. Als ich das Buch öffnete, stand da schon eine Widmung. Von Thommie Bayer an mich:

»Liebe Christine Westermann, der Mann, der Ihnen dieses Mini-Buch überreicht, meinte, es sei ein schönes Geschenk. Hmmm. Ganz herzlich – Thommie Bayer«.

Ich habe Thommie Bayer ein herzliches »Hmmm« zurückgeschickt.

Keine Ahnung, ob es ihn je erreicht hat.

Am Ende, so steht es im Vertrag, würde sich Frau Westermann über ein kaltes Bier freuen. Und weil Frau Westermann in Köln lebt, denken alle liebenswürdigen Buchhändler, jetzt freut sie sich sicher über ein Kölsch. Was an weitab von Köln gelegenen Orten wie Kassel oder Detmold gar nicht so leicht aufzutreiben ist. Frau Westermann freut sich aber einfach nur auf ein kaltes Bier, gern auch eines aus der ortsansässigen Brauerei. Diese Ergänzung braucht es noch im Vertrag, finde ich. Was schon drinsteht und Vorfreude auf die unter Umständen lange Heimfahrt auslöst: bitte eine Vesper, kleines Stülleken für die Heimfahrt nach Köln. Das klappt ganz gut, auch wenn die Interpretation, was eine »Stulle« bedeuten kann, sehr individuell und regional unterschiedlich ausgelegt wird. Könnte daran liegen, dass die Butterbrot-Beauftragten wohl mutmaßen, bei der Frau vom Fernsehen tue es nicht einfach nur ein Käsebrot. Und so erhalte ich bei der Verabschiedung meist eine große Tüte, so üppig, dass der Boden manchmal schon leicht nach unten durchhängt.

Die Vereinbarung mit meinem Agenten, der mich zu den Lesungen begleitet und mir auch als Fahrer gute Dienste leistet, lautet: Die Tüte machen wir erst auf der Autobahn auf. Bei der Rückfahrt aber ist es dunkel. Ich will kein Licht machen, um den Fahrer nicht zu stören, und so kommt es zu überraschenden Begegnungen.

Ich fühle ein Käsebrot, tauche aber stattdessen tief

in die Mayonnaise eines modernen Wraps ein oder verirre mich unverhofft in der klebrigen Teriyakisoße eines kalten Hühnerspießes.

Wenn mir auch noch der kalte Kaffee aus dem Becher, der schon den Tütenboden durchnässt hat, über die Hosenbeine läuft, ist es das perfekte Auto-Abendbrot.

Ich weiß, dass Buchhändler sich eine Riesenmühe geben, die geladene Autorin glücklich zu machen. Das erfahre ich immer wieder selbst, weiß es allerdings auch von einem, der sich für so einen Rundum-sorglos- Aufenthalt zuständig fühlt. Andreas Wallentin hat seit mehr als 30 Jahren in Menden im Sauerland eine eigene Buchhandlung, also inhabergeführt. Das Wort kenne ich erst, seit ich Andreas kenne. Das ist jetzt 22 Jahre her, ich war mit meinem ersten Buch bei ihm in Menden zu einer Lesung eingeladen. Damals habe ich ihn gefragt, ob wir nicht in Kontakt bleiben wollen. Er mir, wenn er ein besonderes Buch entdeckt, eine Mail schicken mag, wir uns austauschen. Das hat Andreas Wallentin immer wieder getan, tut es noch heute. Mittlerweile ist er mit seinen Empfehlungen auch in der WDR-Literatursendung »Bücher« zu hören, wir moderieren sie seit mehr als zehn Jahren gemeinsam. Seine Empfehlungen sind mir allerdings auch manchmal suspekt, wenn schon im Titel des Buches eine geballte Ladung Kitsch mitzuschwingen droht.

Wie bei einem der schönsten Romane, die er mir empfohlen hat. »Die unwahrscheinliche Pilgerreise des Harold Fry« von Rachel Joyce.

Eine Reise, die im Süden Englands beginnt.

Viel ist nicht passiert im Leben von Harold Fry, so scheint es zumindest. Viele Jahre war er Manager einer Brauerei, jetzt ist er pensioniert, verheiratet mit einer Frau, die ihn verachtet. Das Leben tritt auf der Stelle, bis eines Tages der Brief einer ehemaligen Kollegin kommt. Queenie Hennessy will sich mit wenigen Worten von Harold verabschieden, sie hat Krebs und liegt im Sterben. Harold formuliert eine freundliche Antwort, verlässt das Haus, um den Brief einzuwerfen. Aber er geht am Briefkasten vorbei, läuft aus der Stadt hinaus, immer weiter, Richtung Queenies Hospiz, das an der schottischen Grenze liegt.

1000 Kilometer, 87 Tage, in denen sein Leben an ihm vorbeizieht, die Katastrophen, die Tragödien, die glücklichen Momente. Er läuft für sich, für seine Frau, seinen Sohn und für Queenie natürlich: Du musst durchhalten, schreibt er ihr von unterwegs. Ich werde laufen. Und du wirst leben.

Hape Kerkelings Pilgerreise (»Ich bin dann mal weg«) war gut. Besser geht es nicht. Dachte ich.

Warum also jetzt über einen lesen, der Harold heißt, Kilometer um Kilometer läuft und dabei viel über sich, sein Leben begreift. Nichts, was mich vom Sitz reißen könnte.

Die ersten 20 Seiten habe ich zögernd gelesen, aber dann gab es kein Halten mehr.

Weil dieses Buch so schön von Liebe und Betrug, von Vätern und Söhnen, Männern und Frauen, von

Menschen und jenen Päckchen erzählt, die sie in ihrem Leben mit sich rumschleppen. Darüber, warum eine große Liebe kaputtgeht und wie man sie vielleicht wieder kitten kann. Über die Kraft des Willens und die Angst zu versagen. Und über die Macht des Zufalls.

Harold ist kein Durchgeknallter, nur weil er am ersten Briefkasten nicht anhält und bis Schottland weiterläuft. Er ist ein Mensch wie du und ich, mit dem feinen Unterschied, dass wir vielleicht erst noch den Mut aufbringen müssen, den Harold Fry hatte, als er sich auf seine unwahrscheinliche Reise begab.

Richtig überraschend ist das letzte Drittel des Buches, als Harold schon fast am Ziel ist. Es kommt alles anders, als man es erwartet hatte, gänzlich anders.

Und dennoch ist es unglaublich stimmig, berührend. Nicht rührselig, kein Kitsch, nicht sentimental, einfach nur gut.

Am Ende dieses Buches – in diesem Fall sind es 400 Seiten – habe ich mich wie verzaubert gefühlt.

Mit diesem Gefühl bin ich wohl nicht allein.

»Wer Harold begegnet«, hat ein britischer Buchkritiker geschrieben, »den lässt er nicht wieder los.«

Die Autorin Rachel Joyce ist Britin, ihr Buch erschien in über 30 Sprachen auf der ganzen Welt. Als sie diesen Roman begann, lag ihr Vater – ähnlich wie Harolds alte Freundin Queenie – krebskrank in einem Hospiz. Sie hat dieses Buch auch geschrieben in der Hoffnung, ihn dadurch länger am Leben zu halten, er wollte es unbedingt lesen. Das hat er nicht geschafft. Kurz vor Fertigstellung des Romans ist er gestorben.

In seinen über 30 Jahren als Buchhändler hat Andreas Wallentin unzählige Lesungen organisiert. Auch weil er mutig ist und oft Autoren einlädt, die noch keinen großen Namen haben, noch nie auf einer Bestsellerliste standen. Wenn nur zwei Dutzend Menschen zur Lesung kommen, ist das ein Verlustgeschäft, aber das nimmt er in Kauf. Und wird entschädigt durch volle Säle, wenn die Promis kommen. Dieter Hildebrandt hat ein paarmal in Menden gelesen, ging mit Andreas Bier trinken in einem Gasthaus, gab Autogramme auf Bierdeckeln und wollte vom Buchhändler wissen, ob die Menschen im Sauerland alle so dicke Bäuche hätten.

Auch Ex-Bundespräsident Gauck war mit seinen Büchern in Menden zu Gast. Beim zweiten Mal war man schon so vertraut, dass Gauck den Buchhändler bat, ihm doch vor der Lesung noch einen Termin beim Friseur zu machen.

Edgar Selge kam mit eingeklemmtem Ischiasnerv, der Buchhändler sorgte für ein Zimmer mit therapeutischem Whirlpool. Zimmer mit Aussicht über das Sauerland, Selge war hin und weg. Überhaupt hat der Buchhändler seine Autoren stets genau im Blick. Bei einer Lesung mit Robert Seethaler fiel Andreas auf, dass der Mann an die zwei Meter misst. Der passt nie und nimmer in ein normales Hotelbett, das war ihm sofort klar. Während Seethaler vorne auf der Bühne las, organisierte der Buchhändler im Hinterzimmer ein neues Hotel und ein neues Bett. 40 Kilometer von Menden entfernt, aber egal.

Robert Seethaler, der Autor, der mit seiner Geschichte vom »Trafikanten« einen Weltbestseller geschrieben hat. Der Roman ist heute Schullektüre.

Das mit dem Bestseller hat mich kein bisschen gewundert, höchstens, dass es ein bisschen gedauert hat, bevor alle Welt entdeckte, was für ein fabelhafter Schriftsteller dieser Seethaler ist.

Alle Welt?

Es gibt da eine Gesellschaft, die einen großen Namen trägt und die Robert Seethaler für sein Buch »Die Biene und der Kurt« mit dem Preis für das beste Debüt ausgezeichnet hat.

Es ist die Thomas Mann-Gesellschaft.

Gibt mir ein wenig neue Kraft, wenn ich an den weiteren Aufstieg denke. Einer meiner Favoriten unter den Seethaler-Büchern ist jenes mit dem Titel »Jetzt wird's ernst«.

Der Held des Buches bekommt seine erste Rolle im Kindergarten. Er spielt einen Apfelbaum, vergisst seinen Text, wird ohnmächtig und kippt von der Bühne. Das zweite Mal legt er sich als Sechsjähriger im Kasperletheater der Länge nach hin, weil er nicht mitansehen mag, wie alle den bösen Zauberer auslachen. Irgendwann schreitet er ein, reißt dem blöden Kasperle mal eben den Kopf ab, wird wieder ohnmächtig. Wie und warum wird einer, den es eigentlich nicht auf der Bühne hält, ausgerechnet Schauspieler?

Das ist eine lange Geschichte und eine wunderschöne dazu. Sie beginnt in einer kleinen Stadt in der Provinz, in einem Friseurladen. Sie erzählt von erster Freundschaft und großer Liebe, von Glück und Unglück und sie endet in einem Bus, in dem ein junger Mann, der mal ein Apfelbaum war, aus der kleinen Stadt fährt, weil er sich trauen will, ein Schauspieler zu sein.

Mit einem Buch und einem Autor ist es manchmal wie im richtigen Leben. Schon beim ersten Treffen ist man hin und weg, verknallt sich in die Art, wie einer eine Geschichte erzählt. Kino im Kopf von der ersten Seite an. Das war schon so beim ersten Seethaler-Buch, das ich gelesen habe. Wenn dann ein zweiter Roman erscheint, ist man insgeheim unsicher, zweifelt, ob einem der Autor mit einer neuen Geschichte noch mal so den Kopf verdrehen kann wie beim ersten Mal.

Das schafft er mühelos, der Robert Seethaler.

»Die weiteren Aussichten« war das erste Buch, das ich von ihm gelesen habe, und dieses zweite, »Jetzt wird's ernst«, ist mindestens genauso beeindruckend gut.

Beeindruckend, weil man spürt, wie viel Liebe und Fürsorge der Autor den Menschen schenkt, mit welcher Leichtigkeit der Roman von den großen und kleinen Dingen des Lebens erzählt.

Mir fehlen bei dieser Buchempfehlung ein wenig die

Worte, um zu erklären, warum mich dieser Roman so verzaubert.

Vielleicht kann es aber gar nicht anders sein.

Wenn's ernst wird, ist man auch schon mal sprachlos.

Menden im Sauerland ist nicht gerade ein Verkehrsknotenpunkt. Seine Lesungsgäste holt der Buchhändler stets mit seinem Auto am nächstgrößeren Bahnhof ab. Detmold, Hagen, Dortmund.

Und bringt sie auch sicher wieder zum Zug.

Als der Autor Axel Hacke nach einer Lesung mit dem Buchhändler auf den Zug wartete, schenkte der ihm einen gerade erschienenen Roman. Hacke fing noch im Zug an zu lesen. Das Buch war so spannend, dass er in Düsseldorf das Aussteigen vergaß, drei Stationen weiterfuhr und die auch wieder zurückmusste. Am nächsten Tag schrieb er dem Buchhändler eine Mail: »... Danke für alles! Wenn es nur überall so nett wäre wie bei Ihnen! Heute ist Kassel Endstation des Zuges, da kann ich das Aussteigen nicht vergessen. Herzliche Grüße«

Das Buch heißt »Unerhörte Stimmen« und ist von der britisch-türkischen Autorin Elif Shafak.

Seitdem ich die Geschichte kenne, will ich dieses Buch lesen. Falls ich vom Zauberberg jemals wieder runterkomme, mache ich es.

12

Ich habe den Verdacht, es gebe Kritiker,
die den Autoren raten: Schreibt ja keine Bücher,
die den Lesern gefallen.

Donna Leon

Ein paarmal im Jahr, zu Weihnachten, Ostern, zu Beginn der Sommerferien und nach dem Ende der Frankfurter Buchmesse, veröffentlichen die Feuilletonredaktionen der überregionalen Zeitungen ganzseitige Buchtipps. Zehn oder mehr Redakteure der entsprechenden Fachredaktionen empfehlen aktuelle Romane, Sachbücher, CDs, DVDs und Hörbücher. Damit man bei der Menge der Empfehlungen nicht den Überblick verliert, hat sich die Frankfurter Allgemeine Sonntagszeitung einen besonderen Service ausgedacht. Bei Büchern wird der Lesestoff unterteilt in »leicht« und »für Fortgeschrittene«.

Ein fortgeschrittener Leser ist man wann? Wenn das Dranbleiben an einer Romanfigur mühselig ist und man sich dennoch bis zur letzten Seite durchkämpft?

»Es gibt eine Art von *Literatur*, die von Menschen, die zum Vergnügen lesen, sehr geschätzt wird. Menschen, die dagegen das schwere Los ereilt hat, professionell zu lesen, macht diese Literatur sehr schnell sehr misstrauisch. Das Misstrauen kann sogar so weit gehen, dass einem Buch leicht bis mittelschwer gönnerhaft vorgeworfen wird, es sei etwas zu charmant erzählt.«

Der Mann spricht mir aus der Seele. Er heißt Jens-Christian Rabe, ist seit Langem Autor und Redakteur im Feuilleton der Süddeutschen Zeitung. Einen wie ihn wünsche ich mir für die Jury des Deutschen Buchpreises. Vielleicht hat man ihn schon eingeladen, vielleicht kommt das noch.

Ein feiner Beobachter wie er wäre ganz sicher ein Segen.

Sieben Juroren entscheiden jedes Jahr über den Deutschen Buchpreis. Welches wird der Roman des Jahres? Wer kommt auf die Longlist?

Ich war vor einiger Zeit Mitglied der Buchpreisjury. In jenem Jahr waren von den Verlagen über 200 Bücher eingereicht worden, fast acht Stunden haben wir darüber diskutiert, welches es auf die Longlist schafft. Welche 20 Bücher in die Auswahl zum Roman des Jahres kommen.

Einer meiner Favoriten war zu der Zeit Alex Capus mit seinem Roman »Léon und Louise«.

Es ist die Geschichte einer großen Liebe, der Kriege nichts anhaben können und die Zeit sowieso nicht. 68 Jahre im Leben zweier Menschen, die nie zusammenleben, aber doch ein bezauberndes Liebespaar werden. Ihre Liebe beginnt im Ersten Weltkrieg, irgendwo an der französischen Atlantikküste. Als Léon und Louise bei einem Ausflug in einen Bombenangriff geraten, getrennt werden und schwer verletzt in einer Klinik wieder zu sich kommen, halten sie einander für tot. Zehn Jahre später, Léon ist schon verheiratet und lebt in Paris, sieht er Louise in einer vorbeifahrenden Metro. Sie treffen sich, verbringen eine Nacht zusammen, aber sie lassen ihre Leben so, wie sie sind.

(Er)leben dennoch eine große Liebe miteinander.

Führen ein eigensinniges und unerhört amüsantes Doppelleben, in der fröhlichen Gewissheit, dass ihre Liebe füreinander nie enden wird. Und sie behalten recht.

Hinreißend erzählt Alex Capus jene Liebesgeschichte, eingebettet in fast 70 Jahre Zeitgeschichte. Léon und Louise sind zum Niederknien romantisch, dennoch geerdet, selbstbewusst, komisch, witzig, klar und konsequent bis zum Tod.

Nach 314 Seiten bedauert man zutiefst, dass die Geschichte schon zu Ende ist. Wünscht sich heimlich, im nächsten Leben mal einem Léon zu begegnen. Oder einer Louise.

Ich habe den Überblick verloren, weiß heute nicht mehr, wie viele Bücher ich als Jurymitglied damals gelesen habe. Mehr als 70 waren es gewiss. Es hat sich dabei, je nach Meinung des Jurors, sehr schnell die Spreu vom Weizen getrennt. Jene Romane, die man für gut oder diskussionswürdig hielt, kamen in eine Bewertungsliste. Über die Bücher auf dieser Liste wurde diskutiert, was voraussetzte, dass man die dort aufgeführten Romane der Mitjuroren zumindest auch angelesen haben musste. Es war ein Lesemarathon, der sich durch den Sommer zog. Ich habe nicht mehr unterschieden zwischen Freizeit und Bücherarbeit. Ich habe Leseurlaub genommen, war weit weg von zu Hause, bin morgens mit einem Buch aufgewacht und abends mit einem Buch eingeschlafen. Manchmal war das ein Vergnügen, manchmal auch nicht.

Wir sechs Jurymitglieder – ein Jurymitglied war frühzeitig ausgeschieden – haben hart miteinander gerungen. Sechs Menschen, die sechs unterschiedliche Meinungen haben, wenn sie ein und dasselbe Buch lesen. Ich bin auch in diese Jury berufen worden, weil ich für Literaturempfehlungen stehe, die nah dran am Leser sind, ihn im besten Fall etwas angehen. Weil ich Menschen Lust aufs Lesen mache.

Ein Roman, für den ich mich eingesetzt habe, damit er unter die letzten sechs kommt, war »Adams Erbe«, der Debütroman der deutschen Autorin Astrid Rosenfeld:

Edward Cohen wächst in einer jüdischen Familie auf, ist als Kind nicht gerade das hellste, glaubt zumindest seine Mutter Magda. Auch seine Oma sieht die Entwicklung des Jungen eher skeptisch, zu groß ist schließlich die Ähnlichkeit mit Adam, seinem Großonkel. Jener Adam ist im Zweiten Weltkrieg spurlos verschwunden. Mit ihm Geld und Schmuck, Wertsachen, die die jüdische Familie Cohen dringend gebraucht hätte, um nach England zu fliehen. Edward hat Adam nie kennengelernt, genau wie viele andere seiner Verwandten, die im Holocaust umgekommen sind. Vom Großonkel Adam wird nur sehr vage und vorsichtig erzählt, ihn umgibt ein großes Geheimnis, hinter das der kleine Edward aber erst kommen wird, wenn er längst erwachsen ist.

Jahrzehnte nach dem Tod der Großmutter entdeckt er auf dem Dachboden ein braunes Paket. Darin eingewickelt: Liebesbriefe, geschrieben im Warschauer Getto, Briefe von Adam an eine gewisse Anna. Liebeserklärungen, die Anna nie erreicht haben.

Wie gut es der Autorin gelingt, den Leser in die Irre zu führen, ist erstaunlich und großartig zugleich. Der erste Teil des Romans, die turbulente Kindheit von Edward Cohen inmitten seiner merkwürdigen Familie, wird komisch und unglaublich witzig erzählt.

Man ist mit Edward in alldem Chaos unterwegs, fragt sich nur hin und wieder leicht verwundert, wo diese Geschichte eigentlich hinwill. Als besonders dringlich empfindet man die Frage allerdings auch wieder nicht, denn schließlich amüsiert man sich prächtig.

Bis der zweite Teil des Buches mit einem Rückblick

beginnt, der ins Nazideutschland und ins Warschauer Getto führt.

Kaum merklich verändert sich der Ton der Geschichte, noch schmunzelt man über den schlauen Adam und wie es ihm gelingt, die Nazis zu foppen. Immer tiefer aber rutscht man in das Grauen jener Zeit hinein, bis einem das Lachen buchstäblich im Halse stecken bleibt. Diese sanfte, schleichende Veränderung ist brillant in Worte verpackt, Teil eins und Teil zwei sind völlig unterschiedlich und scheinen dennoch wie aus einem Guss. »Was sie wohl verbindet, ist ihr unerschrockener Humor«, so hat es ein Kritiker formuliert. Trotz des großen Schreckens bleibt ein vorsichtiges Lachen übrig.

»Adams Erbe« auf die Shortlist? Sollte er zu den sechs Romanen gehören, die ins Rennen um den Deutschen Buchpreis gingen? Die Mehrheit der Jurymitglieder sprach sich sehr klar dagegen aus. »Adams Erbe« war also raus, vier gegen zwei. In der Presseerklärung sprach die Jurysprecherin davon, dass man beim Zusammenstellen der Shortlist versucht habe, eine Auswahl zu treffen, die die ganze Bandbreite und Vielfalt der Stimmen und Erzählweisen umfasst. Meine Stimme habe ich nicht gehört.

»Man geht nicht ohne Verletzungen aus dieser Juryarbeit heraus«, hat Jahre später ein Journalist seine Erfahrungen in der Jury beschrieben. Stimmt.

Einer der Juroren, der beim Rosenfeld-Votum, und nicht nur da, an meiner Seite war, hat mir kurz vor dem Ende unserer Arbeit eine Karte geschickt. Leuchtend gelbe Schrift auf knallrotem Untergrund, ein flammender Appell des Schweizer Autors Friedrich Dürrenmatt:

»Die Literatur muss so leicht werden, dass sie auf der Waage der heutigen Literaturkritik nichts mehr wiegt. Nur so wird sie wieder gewichtig.« Noch heute steht die Karte in meinem Bücherregal. Damals habe ich kurz überlegt, sechs mit dem Dürrenmatt-Zitat bedruckte T-Shirts zum letzten Jurytreffen mitzubringen. Hätte allerdings vorausgesetzt, dass die Jurymehrheit Humor hat. Da war ich mir nicht sicher.

Der Zauberberg ruft, aber ich höre nichts

Das mit dem Hörbuch klappt nicht. Die wunderbar wohltuende Stimme des Schauspielers Gert Westphal lullt mich ein. Nicht sofort, erst mal produziert sie traumhaft schöne Bilder in meinem Kopf. Die Schweizer Berge, der tägliche Spazierweg von Hans Castorp, die Schüssel mit Milchreis beim zweiten Frühstück. Ich kann sie sehen, nur Hans Castorps Gesicht bleibt mir irgendwie verborgen. Und während ich zuhöre, rutsche ich weg, immer weiter, immer tiefer in einen sehr gesunden Morgen-Mittag-Nachmittagsschlaf. Als läge man in der gesunden Bergluft auf der Terrasse eines Sanatoriums, raffiniert eingewickelt in warme Decken. Der treue Gert Westphal hat mir sicher gefühlt hundert Seiten vorgelesen. Und? Nichts. Ich weiß nichts mehr. Und muss mich jetzt mühsam an jene Stelle zurückfummeln, an der ich vor Tagen mit dem Lesen aufgehört habe. Uff.

13

An all die Bücher zu denken, die mir noch zu lesen bleiben, macht mich glücklich.

Jules Renard

Wenn ich vor einem der Bücherregale in unserer Wohnung stehe, kann ich auch in meinem Leben lesen. In einem der oberen Regalfächer – derzeit für mich unerreichbar, mit einer verschiebbaren Bücherleiter aber wäre es ein Kinderspiel – steht eine lange Reihe »Ullsteins Kunstgeschichte«, Band 1 bis 20. Vermächtnis eines Freundes, mit dem ich vor über 50 Jahren zusammenlebte. In einer Wohnung unterm Dach, irgendwo in Darmstadt. Er studierte Architektur, ich volontierte beim ZDF. Jahre später haben wir uns getrennt, er lebt heute mit Frau und längst erwachsenen Kindern in Mexiko.

Lebt er tatsächlich noch? Ich kann es nicht sagen, wir haben schon seit vielen Jahren keinen Kontakt mehr.

Und auch in der oberen Reihe, sehr orange und nicht zu übersehen: »Meyers Lexikon«, Band 1 bis 20, ein Weihnachtsgeschenk zu Beginn der 80er von einem

Freund, in den ich knallverliebt war und der zu früh gestorben ist, um noch mitzuerleben, wie Google und Wikipedia Lexika verdrängt haben.

Eine Etage tiefer, aber immer noch oben im Regal die Maigret-Bände, geschätzte anderthalb Meter. Dazu gehören auch drei Doppelbände mit je zwei Romanen. »Maigret auf Reisen. Bretagne, Provence, Côte d'Azur«.

Der berühmte Kommissar ermittelt dort, wo andere Menschen Urlaub machen. In der Bretagne zum Beispiel, wo jeder vernünftige Mensch in Ferienstimmung kommt, nur Maigret nicht, der einen Mordversuch mit Strychnin im Pernod aufklären soll und einen herrenlosen gelben Hund sucht, der Angst und Schrecken verbreitet.

Was die Provence angeht: Maigret hasst Hitze. Der provenzalische Wein ist deshalb das Einzige, was den Kommissar aus seinem geliebten Paris in den Süden locken könnte. Et voilà, ein guter Freund des Kommissars lässt sich ausgerechnet bei 40 Grad im Schatten im Süden umbringen.

Und an der Côte d'Azur ist der Kommissar auf der Flucht vor drei Witwen, die alle etwas von ihm wollen. Und ja, auch das, was Sie jetzt denken.

In meinem Bücherregal stehen alle Maigret-Romane, die Simenon je geschrieben hat.

Ich meine: wirklich alle, und das sind immerhin 75. Ich habe sie alle gelesen. Nein, natürlich erinnere ich mich nicht mehr an die Handlungen, wer wen warum und wie umgebracht hat. Die Atmosphäre in diesen Geschichten allerdings vergisst man nie, die Menschen mit ihren Eigenheiten, mit ihrer Exzellenz, aber auch mit ihrer Mittelmäßigkeit, ihrer Armseligkeit. Wenn Maigret, während er Akten liest oder seinen Gedanken nachhängt, sich ein Schinkenbrot und ein Helles aus der Brasserie neben dem Kommissariat bestellt, esse ich immer mit. Speichelsturz garantiert, wenn er – wie in den drei Doppelbänden jetzt – außerhalb von Paris unterwegs ist und die Romane gespickt sind mit regionalen Spezialitäten.

Georges Simenon zu lesen, sei eine Sucht, der man mit wachsendem Genuss verfalle, hat der Regisseur Federico Fellini mal über dessen Romane gesagt. Man gerät in eine beinahe unbegrenzte Lese-Umlaufbahn hinein. Wenn man will, und ich will, begleitet einen Kommissar Maigret ein ganzes Leben lang.

Georges Simenon hat die ersten Maigret-Romane schon in den 30er-Jahren geschrieben. Sie wirken auch heute kein bisschen aus der Zeit gefallen, auch wenn damals noch ohne Handy und Internet ermittelt wurde.

Georges Simenon ist ein Belgier, wurde in Lüttich geboren, schrieb in französischer Sprache. Außer seinen 75 Maigret-Kriminalromanen hat er noch weit über 100 andere Bücher geschrieben. Er war ein Mann, den die Frauen liebten. Anders als sein Kommissar. Der war vom ersten Band an mit »Madame Maigret« verheiratet, kein Mensch hat je ihren Vornamen erfahren. Simenon starb 1989 in der Schweiz im Alter von 86 Jahren.

In meinen Bücherregalen reihen sich moderne Klassiker aneinander, was man eben in den jüngeren Jahren so gelesen hat. Isabel Allende, Heinrich Böll, Gabriel García Márquez, Joseph Heller, Siegfried Lenz. Und Peter Handkes »Die Angst des Tormanns beim Elfmeter«. Ich weiß sehr sicher, dass ich es Anfang der 70er-Jahre gelesen habe. Oder sagen wir, ich habe es versucht. War nicht so einfach, denn ich war mit einer Freundin und ihren drei kleinen Jungs (ein, zwei und drei Jahre alt) unterwegs, Urlaub in einem Hotel an der tunesischen Küste. In der Erinnerung 50 Jahre später verklärt sich vieles, aber offensichtlich war es nicht ganz so prickelnd.

Das kann ich jedenfalls jetzt im Buch von Peter Handke und seinem Tormann nachlesen.

Bevor es im Roman mit der Geschichte um Josef Block losgeht, gibt es ein paar weiße unbedruckte Seiten. Auf denen habe ich damals ein ziemlich planloses Gekritzel veranstaltet. Skizzen für einen geharnischten Brief an das Reiseunternehmen, das uns diese Urlaubsreise angedreht hatte. Der Kinderspielplatz des Hotels, so entnehme ich es dem Kugelschreiber-Wüten, sei »in einem erbärmlichen Zustand«. Der im Katalog abgebildete Swimmingpool eine »gekachelte Grube mit trübem Brackwasser«. Und überhaupt seien »die Angaben im Reisekatalog eine einzige Irreführung«.

Ich habe mich also damals am Meer ordentlich vor mich hin geärgert.

»Papier-Männer« steht im Regal, von William Golding. Ein Buch, das mir meine Mutter zum 36. Geburtstag geschenkt hatte. Ein Jahr zuvor hatte der britische Schriftsteller den Nobelpreis für Literatur bekommen. Ich bin sicher, dass meine Mutter den Chefredakteur des Mannheimer Morgen, für den sie damals arbeitete, bei der Buchauswahl um Rat gefragt hat. Und er ihr ein Buch des Autors des Weltbestsellers »Herr der Fliegen« vorschlug. Und das mit dem Nobelpreis hat sie sicherlich auch beeindruckt. Damit das Kind auch was Vernünftiges liest. Dabei stand doch damals schon seit Jahren der Roman eines Literaturnobelpreisträgers hinter Glas.

Den Zauberberg hätte »das Kind« jederzeit lesen können. Hat es aber erst mehr als drei Jahrzehnte später versucht.

In einem anderen Regal von der Decke bis zum Boden englisch-amerikanische Literatur.

Mit dem gut aussehenden Mann, der dafür verantwortlich ist, hätte ich damals liebend gern getanzt. Ging aber nicht, weil er mich gerade davon überzeugen wollte, Bücher in Originalsprache zu lesen. Es war der Vorabend eines Geburtstags, eine Freundin aus dem ZDF hatte eingeladen, viele unbekannte und ein paar sehr bekannte Gesichter waren gekommen. Unter ihnen der Journalist Hanns Joachim Friedrichs, den ich vom ZDF-Volontariat kannte, wo er in der

Nachrichtenredaktion mein Mentor war. Er war damals einer der Anchorman in der »heute«-Sendung. Den englischen Begriff hat er sehr selbstverständlich ins (Zweite) Deutsche Fernsehen gebracht, schließlich hatte er berühmte Anchormen wie den NBC-Mann Tom Brokaw oder Peter Jennings von ABC in seiner Korrespondentenzeit in den USA aus nächster Nähe erlebt.

Als der Freundin um Mitternacht die Stunde schlug und sie 40 wurde, lief der Walzerklassiker, der Donauwalzer. Während alle tanzten, standen Friedrichs und Westermannn am Rande, weil er mit ihr lieber über Literatur sprechen wollte. Über amerikanische Literatur. Zum Glück hatte ich mich schon für John Irving begeistert, konnte also mit einiger Kenntnis aufwarten. Ob ich den Irving denn auf Englisch gelesen hätte, wollte er wissen. Bitte? Schien mir völlig undenkbar. Bücher in der Originalsprache Englisch zu lesen, das mutete wie Schullektüre an. Neben dem Roman müsste in dem Fall noch ein zweites Buch liegen, ein Wörterbuch. Mühsam und anstrengend fände ich das, erklärte ich ihm vorsichtig. Im Gegenteil sagte er, man erlebt Literatur noch einmal sehr viel intensiver, spürt, wie eine andere Sprache noch einmal eine ganz andere Farbe in eine Geschichte bringt. Damals konnte ich noch nicht wissen, wie recht er hatte.

Als ich später für ein paar Jahre in San Francisco lebte, habe ich Bücher in der Originalsprache gelesen. Was mir einfach schien, weil meine Muttersprache Deutsch ohnehin in den Hintergrund gerückt war. Ich sprach den ganzen Tag nur Englisch, war in der Lage, selbst höchst komplizierte Dinge wie eine ISDN-Leitung bei der kalifornischen Telefongesellschaft Pacific Bell zu bestellen. Oder dem Verkäufer in der Bettenabteilung zu folgen, als er mich in die Geheimnisse des klassischen Boxspringbettes einweihte. Mein Englisch war fließend genug, ich musste beim Zuhören nicht mehr ins Deutsche übersetzen. Und genauso funktionierte es auch beim Lesen englischer Bücher. Ab und zu blieb ich mal hängen, nahm ein Wörterbuch zur Hand. Aber die meiste Zeit hat sich der Sinn der Wörter aus dem Zusammenhang erschlossen.

Ich habe Biografien gelesen damals, über die Kennedys, über Hillary Clinton, über George Stephanopoulos, der Präsidentenberater und Pressechef im Weißen Haus unter Bill Clinton war. Die Enthüllungsbücher von Bob Woodward, die Bestseller amerikanischer Journalisten wie Tom Brokaw. Und John Irving rauf und runter.

Ich habe verstanden, wie schwierig einfache Dinge beim Übersetzen werden können. Weil ein deutsches Kosewort wie »Schätzchen« in einer Übersetzung immer erdenschwer daherkommt, »honey pie« dagegen unübersetzbar zauberhaft ist.

Auf meinen Kaffeetisch stelle ich am liebsten Pflaumenkuchen mit Sahne. Auf einen Coffeetable stattdessen Bücher zu legen, habe ich das erste Mal in den USA erlebt, wo sich kiloschwere Bildbände auf einem kleinen Glastischchen stapeln, und viel über den Gastgeber aussagen. Aussagen sollen. Wie vielseitig interessiert, welch fabelhafter Kunstkenner er ist.

Man ist erstaunt, dass einer zwar nie ins Theater oder in die Oper geht, ein Buch auf seinem Coffeetable ihn aber als Kenner der südfranzösischen Kirchenmusik ausweist.

In meinem Arbeitszimmer gibt es ein Regal, das sich über eine ganze Wand erstreckt, in das die Neuerscheinungen einsortiert werden. Romane, die ich lesen möchte, werden nach vorne geschoben. Das ist allerdings eine sehr fragile Ordnung, die sich wie von selbst immer wieder in chaotische Unordnung verwandelt, weil ich mit dem Einsortieren nicht nachkomme.

Nein, Angeberbücher habe ich keine. Ist ja nur mein Arbeitszimmer, da kommt kein Fremder rein. Es gibt in diesem Regal ein Fach, in das ich Bücher einordne, die ich unbedingt noch lesen will (von denen ich weiß, dass ich sie nicht besprechen werde), einfach so, zu meinem Vergnügen.

Ich habe keine Bibliothek, wo Literatur mit dem Anspruch des Allumfassenden verwaltet wird.

Ah, da steht der Uwe Johnson und einen halben Meter weiter Wolfgang Borchert von der Gruppe 47, direkt neben dem Sartre und der Sagan. Ich habe und halte keine Ordnung bei den Büchern, was ich sehr bedauere. Ich sortiere weder alphabetisch nach Autoren noch nach Titeln, Themen, Genres.

Wie schön wäre es, bei der Bücherordnung wie die Buchkritikerin Thea Dorn zu sein. Unverhohlene Bewunderung meinerseits, wenn sie beim »Literarischen Quartett« zum Beispiel anmerken konnte: »Ich habe zu Hause in meinem Bücherregal extra bei den Büchern von George Saunders nachgeschaut, weil ich gern noch mal ins englische Original reinlesen wollte. Im Original heißt das Buch ›Congratulations, by the way‹.«

Damit kann ich leider nicht aufwarten. Ich weiß nur, dass George Saunders irgendwo steht. In der deutschen Übersetzung. Das muss reichen. Und wenn mir dann noch der deutsche Titel einfällt, herzlichen Glückwunsch.

»Herzlichen Glückwunsch, übrigens« ist so schmal, dass es nicht mal Seitenzahlen hat, aber es geht einem lange nicht aus dem Kopf. Der herzliche Glückwunsch richtet sich an die Studenten der amerikanischen Universität in Syracuse im Bundesstaat New York.

Wenn Studenten ihre Examina abgelegt haben, ist es amerikanische Tradition, dass ein Prof oder Prominenter eine kleine Rede hält und sie mit einem herzlichen Glückwunsch in die Welt hinausschickt. Der Prominente war in diesem Fall George Saunders, einer der bekanntesten Autoren der amerikanischen Gegenwartsliteratur.

Seine Rede dauerte keine zehn Minuten, hatte aber einen durchschlagenden Erfolg. Sie ging innerhalb weniger Tage um die Welt, wurde von einer Million Menschen gelesen.

George Saunders spricht zum Beispiel von Ella, die neu an seine Schule kam, als er in der siebten Klasse war. Sie war klein, hatte eine blaue Hornbrille, wie sie damals nur Omas trugen. Wenn sie verlegen war, sich schämte, und das tat sie oft, kaute sie auf einer Haarsträhne herum.

Nein, George Saunders hat sich nicht in Ella verliebt. Warum muss er dennoch 42 Jahre später an sie denken? Und sich nicht gut dabei fühlen?

In seiner Rede kreist er um das Wort »kindness«.

Im Englischen kann das Freundlichkeit meinen, liebenswürdig sein im Umgang mit seinen Mitmenschen, vielleicht sogar gütig. All das hat George Saunders damals Ella gegenüber vermissen lassen. Er war noch ein Junge, als er ihr begegnete, aber in seiner Rede vor den Studenten schaut er auf jene Zeit zurück. Heute weiß er, was damals gefehlt hat: kindness. Er bittet die Studenten, sich ihren Mitmenschen gegenüber freundlich, liebenswürdig zu zeigen, nicht grob oder arrogant. Ganz gleich, ob sie später mal so erfolgreich sein würden wie dieser Schriftsteller George Saunders, der ja damals bei ihrer Abschlussfeier eine Rede gehalten habe. Werdet nicht zu widerlichen, überheblichen Typen, seid gütig. Das gibt er ihnen mit auf ihren Lebensweg.

Seine Rede vor den Studenten ist kein bisschen staatstragend oder steif. Sie ist klar, amüsant, witzig und bewegend.

Er kommt ohne Schnörkel, Kitsch oder Besserwisserei aus, spricht zugewandt und lebensklug. Seine Gedanken bringen einen überraschend zur Ruhe und machen Lust, ein bisschen übers eigene Leben nachzudenken.

Die vielen Neuerscheinungen aus meinem Regal, die ungelesen bleiben, verschenke ich an Freunde, sie gehen in die Stadtbibliothek, manchmal in Gefängnisse, in öffentliche Bücherschränke. Mein Agent hat vor seinem Büro eine gut gefüllte Lesekiste stehen, die nach ein paar Tagen stets leer ist. Manchmal halten ihn Menschen auf der Straße an und bedanken sich für die tollen Bücher. Und wenn ich davon erfahre, bedauere ich, dass zu wenig Zeit bleibt, um alles, was gut sein könnte, zu lesen, zu empfehlen. Spüre den Anflug eines schlechten Gewissens, wenn ich daran denke, wie viele Autoren in jedem Frühjahr und jedem Herbst mit ihren Romanen auf den Markt kommen und wie vergleichsweise wenige auch tatsächlich wahrgenommen und gelesen werden.

Die Klassikerfrage bei Talkshows, in Interviews: Was ist Ihr Lieblingsbuch?

Kann man vergessen, diese Frage. Ich weiß es nicht, weil ich so viele gelesen habe, die das Zeug zum zeitweiligen Lieblingsbuch haben. Weil ich Journalistin bin, liegt mein Hauptaugenmerk beim Lesen auf der Sprache.

Wörter zu nutzen, die vielleicht nicht mehr im täglichen Gebrauch sind, die wiederzubeleben sich lohnen könnte. Es gibt ein Buch, das genau das geschafft hat. »Das Wörterbuch der Liebenden«, geschrieben auf Englisch, großartig übersetzt von Andreas Steinhöfel.

Seit über 20 Jahren schreibt David Levithan am Valentinstag eine Geschichte, die er dann an seine Freunde verschickt. Immer geht es darin um Liebe, um Sex, Freundschaft, Zweisamkeit, Eifersucht. Die Liebe mit all ihren Variationen fasziniert ihn, hat er in einem Interview gesagt. Im letzten Jahr, auf der Suche nach einer Valentinstags-Idee, fiel sein Blick auf ein Buch, das er im Keller seiner Eltern gefunden hatte.

Ein Wörterbuch mit dem Titel »Words you need to know«. Da kam ihm die Idee, mithilfe dieser Wörter die Geschichte einer Beziehung zu erzählen.

Es ist die Liebesgeschichte zweier Menschen, die sich in New York kennenlernen, ineinander verknallen, zusammenziehen. Irgendwann betrügt sie ihn, ein One-Night-Stand. Und jetzt?

Dieses Buch ist für mich die schönste Zusammenfassung von Liebe und (Zusammen-)Leben, die ich seit Langem gelesen habe. »Das Wörterbuch der Liebenden« war in den USA sofort ein Bestseller, wurde in zahlreiche Sprachen übersetzt. Ein Roman, der eine Liebe von A bis Z erzählt, von Abgrund und abwegig über herumkriegen, nervenaufreibend, unbeschreiblich bis hin zu Zenit und Zusammenfluss.

Auf jeder einzelnen Seite werden die Stationen dieser Liebesgeschichte mit einem Wort, wie in einem Lexikon, markiert und dann erzählt. Wie es war mit dem Kennenlernen, dem ersten Mal im Bett, dem vorsichtigen Entschluss zusammenzuziehen, dem Hereinkriechen des Alltags, der Wende, dem Ende, das noch keines ist, aber eines werden könnte.

Immer ist es maximal eine Seite pro Wort, manchmal sind es nur drei Zeilen. Der Autor erzählt nicht chronologisch, so beginnt es am Anfang schon fast mit dem Ende. Dennoch ist man keine Sekunde irritiert, im Gegenteil, man ist unendlich begierig und gespannt. Immer bleibt viel Spielraum für die eigene Fantasie, für das eigene Hoffen, Träumen, Wünschen.

»Am Anfang fragst du dich, ob du in den Menschen verliebt bist oder in das Gefühl der Liebe«, heißt es an einer Stelle.

Ich habe mich am Ende des Romans gefragt, ob es sein kann, dass man sich beim Lesen in ein Buch verliebt?

Ich glaube, ja.

Ein gutes Buch ist eines, für das man gern ein Vorwort schreiben würde. Hat der französische Autor und Illustrator Tomi Ungerer gesagt.

Ich würde zum Beispiel gern ein Vorwort für »Die Bücherdiebin« von Markus Zusak schreiben. Erzählen, warum der Autor eigentlich nur eine Kurzgeschichte im Sinn hatte. Nicht mehr als eine Erinnerung an die Erzählungen seiner Eltern aus München und Wien. Eine Erinnerung an die Bombennächte des Zweiten Weltkrieges, wenn der Himmel in Flammen stand. Und eine Erinnerung an ein paar Kinder, die bestraft wurden, weil sie völlig entkräfteten Juden, die irgendwo in Süddeutschland über eine Dorfstraße zum KZ Dachau getrieben wurden, ein Stück Brot schenkten.

Ich würde im Vorwort schreiben, warum aus dem geplanten Bändchen ein fast 600 Seiten starker Roman geworden ist. Der Umfang aber niemanden schrecken muss, im Gegenteil.

Die Geschichte von Liesel, der kleinen Bücherdiebin, trägt einen nämlich davon, ganz leicht und mühelos, von der ersten bis zur letzten Seite.

»Die Bücherdiebin« erzählt von einem kleinen Mädchen in Zeiten des Zweiten Weltkriegs. Auf der Flucht stirbt der Bruder der kleinen Liesel vor ihren Augen. Die Mutter ist völlig überfordert, gibt die Kleine bei Pflegeeltern in der Nähe Münchens ab. Hans und Rosa Hubermann sind dem Mädchen völlig fremd, doch mithilfe des liebevollen Pflegevaters findet sie sich bald zurecht.

Jetzt könnte man erzählen, in welche Katastrophe die zusammengewürfelte Familie hineinrutscht und dass ein paar gestohlene Bücher nicht nur Liesel das Leben retten werden. Aber es gibt in diesem Buch einen grandiosen Erzähler und er beschreibt perfekt, worum es geht: »Es ist eigentlich nur eine kleine Geschichte, und sie handelt unter anderem von einem Mädchen, ein paar Worten, einem Akkordeonspieler, ein paar fanatischen Deutschen, einem jüdischen Faustkämpfer und einer ganzen Menge Diebstählen.«

Der grandiose Erzähler ist niemand anderes als der Tod. Sanftmütig und freundlich, aber – letzten Endes – auch sehr konsequent. Er sieht Liesel, die kleine Bücherdiebin, drei Mal. Beim dritten Mal nimmt er sie mit.

14

Es gibt so viele Bücher, dass es keinen Sinn hat, welche zu lesen, die einen langweilen.

Gabriel García Márquez

Ich bin mit dem Zauberberg und Thomas Mann fertig. Geschafft habe ich diese knapp tausend Seiten, weil ich am Ende großflächig gelesen habe. Über die Stellen hinweggelesen habe, die mich gelangweilt haben. Davon gab es nicht wenige. Beim Lesen habe ich mich an den Satz der Autorin und Dramaturgin Sybille Berg erinnert, den sie mal in einer TV-Büchersendung gesagt hat: »Es ist nicht schlimm, wenn ein Buch beim Lesen anstrengend ist. Wichtig ist, dass es sich am Ende gelohnt hat.« Kluger Gedanke.

Auf den Zauberberg bezogen heißt das für mich: Es war anstrengend und es hat sich am Ende nicht gelohnt. Ich will keine Empfehlung für den Zauberberg schreiben. Ich werde keinen Knicks vor einem Klassiker machen.

Aber es wird auch keine Kritik geben, einen Verriss schon gar nicht. Es gilt das Westermann'sche Prinzip, mir nicht anzumaßen, meine Meinung zu einer allgemeingültigen zu machen.

Hätte ich den Zauberberg in kleinere Häppchen aufteilen sollen? Jeden Tag unbarmherzig 20 Seiten? Jeden Tag? So hat der Autor Jochen Schmidt die 4000 Seiten »Auf der Suche nach der verlorenen Zeit« von Marcel Proust geschafft. Es hat ein halbes Jahr gedauert. Das sei keineswegs immer ein großes Vergnügen gewesen, so hat er es in einem Interview erzählt. Weil man ja weiß, man liest Weltliteratur, und will sich auf keinen Fall eingestehen, dass man auch mal genervt ist. Und gleichzeitig mutmaßen, man sei einfach zu plump, um mehrere seitenlange Sätze über Seerosen zu genießen.

Jochen Schmidt kann Westermann'sche Gedanken lesen: Ich bin zu plump, um seitenlange Settembrini-Naphta-Dialoge zu genießen.

Nun habe ich mich im Laufe meines Buches ja bereits abgearbeitet, am Taschenzündapparat, an Settembrini und den Wickeltechniken auf den Balkonen des Sanatoriums.

Aber das Buch weglegen und kein weiteres Wort mehr darüber verlieren. Geht das wirklich?

Könnte doch gut sein, dass Sie den Zauberberg jetzt lesen wollen und am Ende von 1000 Seiten ganz anderer Meinung sind als die Westermann.

Dass Sie das Gefühl haben, für die große Settembrini-

Langeweile an anderen Stellen des Buches durchaus entschädigt zu werden.

Alexander Cammann ist Literaturredakteur im Feuilleton der ZEIT.

Die Geschichte vom Zauberberg habe bei ihm magnetische Kräfte entfaltet, hat er mal geschrieben. Vor fast 30 Jahren war er Zivi in der Berliner Charité, Hilfskraft am Institut für Virologie. Jeden Morgen und jeden Abend, ein ganzes Jahr lang, hatte er im Bus den Zauberberg dabei, ein dickes Taschenbuch in Flaschengrün. Die Geschichte des jungen Hans Castorp hat ihn umgetrieben. Wie einer für ein paar Wochen zu Besuch kommen will, dann aber sieben Jahre bleibt. Reizvoll und gefährlich schien ihm so ein Leben »als permanente träumerische Auszeit, in den verführerischen Wonnen der Passivität! Denn es passiert ja nicht viel auf diesen tausend Seiten, endlos sinnierende Gespräche, seltsame Figuren, knallende Speisesaaltüren, immerhin ein furioses Fieberdelirium im Schnee [...].«

Die Lektüre, fand er damals, passe perfekt zum Lebensrhythmus eines Zivis. Kann aber auch auf lebensentscheidende Abwege führen. Zeitlebens verträumter Zivi statt irgendwann Literaturredakteur in Hamburg.

Aber Alexander Cammann hat ja die Kurve gerade noch gekriegt.

15

Wenn der Funke nicht überspringt, ist nichts zu machen. Die Klassiker liest man nicht aus Pflicht oder Respekt, sondern nur aus Liebe.

Italo Calvino

Mich treibt die Neugier auf die Familien der anderen an und um. In Romanen zu lesen, wie man halbwegs heile durchs Leben gehen kann, obwohl man in einer ramponierten Familie aufgewachsen ist. Die Autorin Monika Helfer macht es andersherum. Sie schreibt Romane über schwierige Familienverhältnisse.

Die Autorin wurde 1947 im Bregenzerwald geboren. Dort, wo auch ihr Roman »Die Bagage« spielt. Was sie angetrieben habe, Familienromane zu schreiben, wurde die Autorin in einem Interview gefragt. Die Sehnsucht nach einer intakten Familie, hat sie geantwortet, eine Familie, die sie so nie hatte.

Die Geschichte von der Bagage spielt zu Beginn des letzten Jahrhunderts.

Maria und Josef Moosbrugger leben am Ende eines finsteren Tales im Bregenzerwald in Österreich. Sie haben fast nichts. Zwei Kühe, eine Ziege. Da ist alles knapp, wenn man fünf Kinder großziehen soll. Maria ist eine wunderschöne Frau, viel schöner als alle anderen im Dorf. Alle Männer sind hinter ihr her, aber andere interessieren sie nicht, sie hat ihren Josef, einen gut aussehenden Mann. Der mit dem Bürgermeister krumme Geschäfte macht, welche, weiß man nicht. Der Bürgermeister ist für den Josef eine Art Freund. Als der Erste Weltkrieg beginnt, der Josef an die Front muss, bittet er den Bürgermeister, auf seine schöne Frau aufzupassen. Womit er den Bock zum Gärtner macht. Als Josef aus dem Krieg zurückkommt, ist ein neues Kind da. Die Margarete. Josef war zwar während des Krieges auf Heimaturlaub, das Kind kann aber nicht von ihm sein. Glaubt er, auch weil der Bürgermeister alles tut, um ihn in diesem Glauben zu bestärken. Zeit seines Lebens wird der Vater dieses Kind wie Luft behandeln, für ihn existiert es nicht, er schaut die Grete nicht an, spricht nie auch nur ein Wort mit ihr.

Genau so ist diese Geschichte passiert, die kleine Grete ist die Mutter der Autorin.

Monika Helfer erzählt in diesem großartigen Roman ihre eigene Familiengeschichte.

Beschreibt das Gepäck, den Ballast, die Bagage, die jeder von uns mit seiner Familiengeschichte zu tragen hat. Wie verändert, wie beschädigt ein Leben ist, wenn der Vater zeitlebens nicht mit einem spricht, einen nicht anschaut. Was gibt man an die nächste Generation weiter? Wie viele Lügen und Legenden kann eine Familie aushalten?

Wie Monika Helfer das erzählt, ist einfach großartig. Sie braucht nicht viele Worte, knapp, schnörkellos beschreibt sie, was passiert. Gerade dadurch entfaltet diese Geschichte ihre ganze emotionale Kraft.

Ein schmales Buch, intensiv, dramatisch, vollgepackt mit Erinnerungen an die Lebenden und die Toten. Als würde man selbst in seine Kindheit zurückkehren und sie wieder spüren, die vermutlich nie zu stillende Sehnsucht nach einer harmonischen Familie.

Vor einiger Zeit habe ich in Witten gelesen, in einer Kirche. Nun ist eine Lesung in einer Kirche immer etwas Besonderes. Und der Ort selbst, Witten eben, war es auch. Die Stadt, in der meine Mutter die letzten Jahre vor ihrem Tod lebte.

Organisiert wurde die Lesung von einem Verein, der Trauerarbeit für Kinder macht, die ein Elternteil oder ein Geschwisterkind verloren haben. Und Trauerarbeit für Kinder, deren Eltern sich getrennt haben. Nach der Lesung hat mich die Vorsitzende ganz vorsichtig gefragt, ob ich mir vorstellen könne, Schirmherrin dieser kleinen Organisation zu werden.

Eine lange Geschichte könnte damit ein gutes Ende nehmen. Meine Geschichte.

Kurz bevor ich das letzte Kapitel für dieses Buch beginne, fragt mich eine Freundin, warum ich den Zauberberg heimlich entsorgt hätte?

Entsorgt?

Ja, sie habe vor der Tür im Nachbarhaus eine Kiste mit gelesenen Büchern gesehen, darin auch ein Exemplar des Zauberbergs. Sie habe mir das Buch sicherheitshalber wieder mitgebracht.

Jetzt habe ich zwei. Das eine, das jemand aussortiert hat, und mein eigenes, mit dem ich gerungen habe. Sehen identisch aus, aber der Zauberberg draußen vor der Tür ist eine Ausgabe aus dem Jahr 2008. Und hat eine Widmung, die mein Zauberberg nicht hat.

»Es ist völlig unzulässig, sein Germanistik Studium zu beenden, OHNE zuvor den Zauberberg gelesen zu haben … nun ja, zumindest sollte man ihn besitzen. In diesem Sinne …«

Na bitte. Ich besitze wenigstens schon mal den Zauberberg.

Und das mit dem Germanistikstudium könnte ich auch noch schaffen. Thomas Mann wird mir ein Vorbild sein.

»Die Bekenntnisse des Hochstaplers Felix Krull« hieß der letzte Mann-Roman. Er erschien 1954. Die Geschichte hatte Thomas Mann schon 50 Jahre zuvor mal angefangen, aber nie zu einem richtigen Ende gebracht. Als das Buch endlich doch noch veröffentlicht wurde, war er schon 79.

Fehlen mir bis dahin noch sechs Jahre.

Mein lieber Mann, sieht so aus, als müsste ich mich ranhalten.

DANKSAGUNG

Danke, liebe Kerstin, mit dir zu arbeiten, ist wie Zauberei. Du hast mein Schreiben umsichtig und zugewandt begleitet. Die beste Lektorin der westlichen Hemisphäre eben. Ach was. Von der ganzen Welt.

Danke, lieber Mike, für das Absichern beim Aufstieg auf den Zauberberg. Das kann nur mit einem guten Freund gelingen. Und das bist du.

Danke, liebe Britta, dass du an keiner Bücherkiste vorbeigehen kannst. Und für manches andere auch.

Danke, lieber Michael, dass du dich in Windeseile gekümmert hast. Ich kümmere mich in den nächsten hundert Jahren um den Kartoffelsalat.

Danke, liebe Frau Wielpütz, für Ihre Zuversicht, den Mutmachersatz: »Das war bei jedem Buch so.« Fürs Ausdrucken beim Nachbarn. Und dass ich noch mal über diesen vermaledeiten Abschied nachdenken musste.

Dank an dich, lieber Fahrer, Stullenmitesser, Vertrauter und Fan.
Danke für so viel Verständnis, Verzicht, gute Ideen, Geduld und Gelassenheit. Und Liebe natürlich.

VORGESTELLTE BÜCHER IN »DIE FAMILIEN DER ANDEREN«

Thomas Mann: Der Zauberberg
Helen D. Boylston: Susanne Barden. Zeig, was du kannst
Bertha von Suttner: Die Waffen nieder!
Waldemar Bonsels: Die Biene Maja und ihre Abenteuer
Polly Maria Höfler: André und Ursula
Claire Lombardi: Der größte Spaß, den wir je hatten
Doris Knecht: Gruber geht
Jon McGregor: Speicher 13
Thommie Bayer: Das Glück meiner Mutter
Carole Fives: Eine Frau am Telefon
Miranda Cowley Heller: Der Papierpalast
Maxim Leo: Der Held vom Bahnhof Friedrichstraße
Elizabeth Gilbert: City of Girls
Friedrich Ani: Die unterirdische Sonne
Matthias Reiner: Das Meerbuch
Daniel Kampa: Früher war mehr … Hinterhältige erotische Geschichten
Judith Taschler: Die Deutschlehrerin
Siegfried Lenz: Der Anfang von etwas
Marco Balzano: Ich bleibe hier
Paolo Giordano: Die Einsamkeit der Primzahlen
Sven Michaelsen: Am Anfang steht der Größenwahn, am Ende die Demut
Eric Nil: Abifeier

Niklas Maak: Fahrtenbuch
Ernest van der Kwast: Fünf Viertelstunden bis zum Meer
Katharina Mahrenholtz/Dawn Parisi: LITERATUR!
Hilmar Klute: Was dann nachher so schön fliegt
Sorj Chalandon: Am Tag davor
John Fante: 1933 war ein schlimmes Jahr
Klaus Pohl: Sein oder Nichtsein
Minna Rytisalo: Lempi, das heißt Liebe
Edgar Selge: Hast du uns endlich gefunden
Axel Hacke: Wozu wir da sind
Robert Kisch: Glück
Géraldine Dalban-Moreynas: An Liebe stirbst du nicht
Grégoire Delacourt: Das Leuchten in mir
Melanie Garanin: NILS
Thees Uhlmann: Sophia, der Tod und ich
Max Frisch: »Fragebogen«, aus: Tagebuch 1966–1971
Rachel Joyce: Die unwahrscheinliche Pilgerreise des Harold Fry
Robert Seethaler: Jetzt wirds ernst
Alex Capus: Léon und Louise
Astrid Rosenfeld: Adams Erbe
Georges Simenon: Maigret auf Reisen. Bretagne, Provence, Côte d'Azur
George Saunders: Herzlichen Glückwunsch übrigens
David Levithan: Das Wörterbuch der Liebenden
Markus Zusak: Die Bücherdiebin
Monika Helfer: Die Bagage

Die Schriftstellerzitate stammen aus »Warum lesen? Warum nicht? Gedanken und Sprüche. Mit Zeichnungen von Paul Flora« (Diogenes 2008). Dank an den Diogenes Verlag für die freundliche Genehmigung.

Aus Verantwortung für die Umwelt hat sich der *Verlag Kiepenheuer & Witsch* zu einer nachhaltigen Buchproduktion verpflichtet. Der bewusste Umgang mit unseren Ressourcen, der Schutz unseres Klimas und der Natur gehören zu unseren obersten Unternehmenszielen.

Gemeinsam mit unseren Partnern und Lieferanten setzen wir uns für eine klimaneutrale Buchproduktion ein, die den Erwerb von Klimazertifikaten zur Kompensation des CO_2-Ausstoßes einschließt.

Weitere Informationen finden Sie unter *www.klimaneutralerverlag.de*

FSC
www.fsc.org
MIX
Papier | Fördert gute Waldnutzung
FSC® C083411

1. Auflage 2022

Covergestaltung: Barbara Thoben, Köln
Covermotiv: © Ben Knabe
Gesetzt aus der Futura Std und der Sabon
Satz: Buch-Werkstatt GmbH, Bad Aibling
Druck und Bindung: CPI books GmbH, Leck

ISBN 978-3-462-00301-7

Es kommt ja nicht wirklich überraschend aber doch gibt es den Moment, in dem man erschrocken feststellt: Mensch, ich bin alt. Und jetzt? Geht noch was? Das kann nicht mehr viel sein, dachte Christine Westermann. Und war dann überrascht, welche Wendungen sich unverhofft auftaten. Die Reise ins Alter lässt sich nicht aufhalten, aber nun ist die Vorfreude auf das, was kommen kann, größer als die Angst vor dem, was passieren könnte.

»Sehr selbstironisch und witzig« *Brigitte*

Leseproben und mehr unter www.kiwi-verlag.de

Zwei Bestseller in einem Band: Mit ihren beiden Büchern »Baby, wann heiratest du mich? – Ein Roman aus dem Beziehungsdschungel« und »Ich glaube, er hat Schluss gemacht – Geschichten aus dem richtigen Leben« schrieb sich die bekannte Fernseh- und Radiojournalistin Christine Westermann in die Herzen unzähliger Leserinnen und Leser. Mit großem Sprachwitz, einem genauen Gespür für Situationskomik und einer gehörigen Portion Raffinesse erzählt sie von einer Frau auf der Suche nach einem beglückenden oder zumindest begehbaren Weg durchs Leben, von der Liebe und der Sehnsucht, von großen Gefühlen und kleinen Katastrophen.

Christine Westermann und Jörg Thadeusz kannten sich kaum, bevor sie sich in das Abenteuer stürzten, gemeinsam ein Buch zu schreiben. Was hat sie dazu getrieben? Eine riesige Neugier aufeinander: Jeder will herausfinden, wie der andere – anderes Alter, anderes Geschlecht – die großen und kleinen Themen des Lebens sieht. Es geht um die Liebe, Treue, Eifersucht, Älterwerden, Arbeit und Nichtstun – und darum, ob »Frauenversteher« nun ein Schimpfwort ist oder nicht.